新兴体育器材

叶海辉◎主编

北京体育大学出版社

策划编辑：李志诚　仝杨杨
责任编辑：仝杨杨
责任校对：米　安
版式设计：禾风雅艺

图书在版编目（CIP）数据

新兴体育器材 / 叶海辉主编 . -- 北京：北京体育
大学出版社，2024.12. -- ISBN 978-7-5644-4245-3

Ⅰ . G818.3

中国国家版本馆 CIP 数据核字第 2024UV2593 号

新兴体育器材

XINXING TIYU QICAI

叶海辉　主编

出版发行：	北京体育大学出版社	
地　　址：	北京市海淀区农大南路 1 号院 2 号楼 2 层办公 B-212	
邮　　编：	100084	
网　　址：	http://cbs.bsu.edu.cn	
发 行 部：	010-62989320	
邮 购 部：	北京体育大学出版社读者服务部 010-62989432	
印　　刷：	北京科信印刷有限公司	
开　　本：	710mm×1000mm　1/16	
成品尺寸：	170mm×240mm	
印　　张：	19	
字　　数：	300 千字	
版　　次：	2024 年 12 月第 1 版	
印　　次：	2024 年 12 月第 1 次印刷	
定　　价：	78.00 元	

《新兴体育器材》
编委会

体育教育作为学校教育的重要组成部分，肩负着提高学生运动素质、增进青少年身心健康、培育全面发展的人才的历史重任。在我国新一轮深化课程改革来临之际，"体育课程物力资源的开发与利用"丛书让我作序，我不胜荣幸。这套丛书涵盖了常规体育器材、生活物品、校园环境资源、自制体育器材和新兴体育器材 5 个领域的实践和研究成果，范围广泛，内容丰富，图文并茂，集 22 年之实践汇编而成，形成了全面、系统的体育课程物力资源开发与利用体系，在国内属于开创性成果。

我简要介绍一下这套丛书，希望对大家有所帮助。

第一册：《常规体育器材的开发与运用》

该册主要介绍跳绳、小体操垫、大体操垫、海绵包、接力棒、体操棒等 33 种常规体育器材的开发与运用，在显性功能的基础上，通过转换视角、转变思维方式，挖掘体育器材的隐性功能，充分发挥常规体育器材的多功能性，让体育器材一材多用、一材多能，既能丰富课程资源，又能便捷地服务于体育教学。

第二册：《生活物品在体育教学中的运用》

该册主要以松紧带、毛巾、塑料桶、包装袋等 37 种常见的生活物品为开发对象，以常见、实用、实效为导向，选择日常生活物品，通过直接使用法、改造法、组合法等方法进行开发与运用，呈现的课例具有时代性和前瞻性，既可以让体育器材的品种得到增加，又可以让体育教学的课程资源更加丰富。

第三册：《校园环境资源在体育教学中的运用》

该册主要介绍校园环境资源的运用，在运用中要遵循合理统筹、科学规划、因地制宜、因校制宜的原则。该册对体育场地的标准与使用、校园体育文化、校园场地等30项内容进行阐述，并结合大量的实例进行说明，可以让学校体育工作效益最大化，使校园环境资源全方位服务于体育课堂教学、大课间活动、课外体育活动及课余训练等。

第四册：《自制体育器材》

该册主要介绍卷吊球、球式哑铃、爆发力训练器等100种自制体育器材，通过直接利用法、改进法、借鉴法和发明法等方法动手改造与制作体育器材，并根据功能和作用将其分为身体素质类、教学辅助类、器材收纳类、旱地冰雪类、软式器材类和综合器材类等六大类。有了多样化的自制体育器材，就会有多样化的玩法，就能让体育教学变得更加丰富有趣。

第五册：《新兴体育器材》

该册主要收集整理了适合在中小学推广使用的135种新兴体育器材，它们根据功能可以分为教学辅助类、运动项目类、体育游戏类、软式器材类、体能训练类、素质拓展类和电子设备类等七大类。为了满足时代发展对体育教学多样化的需求，该册引入新兴体育器材，并介绍新兴体育器材的使用方法，让读者方便快捷地了解新兴体育器材的基本信息，共同走进体育教学的新天地。

这套丛书主要有以下特点：

第一，实用性。这套丛书的实用性主要体现在内容实用和方法实用两个方面。内容实用是指器材、场地、设施等均为常见，方便好用；方法实用是指游戏方法和器物趣用之法多种多样，既可融入课堂教学实践，又可渗透课间课后学练。例如，小场地、边角场地开发成体育乐园和体能训练场，毛巾、塑料桶等妙用于跑跳投等教学，自制体育器材、新兴体育器材融入课堂教学和训练实践，废旧体育器材再次开发与利用，等等。

第二，创新性。这套丛书充满新意，无处不创新。首先，这套丛书的写成是一个创新，虽偶有报纸杂志发表此类文章，但成书者无一人；其次，内容选择是一个创新，简单的跳箱、毛巾、篮球场等可以用于各种体能练习、技能练习和游戏中；最后，一材多用也是一个创新，在这套丛书中，废弃的宣传横幅可以用于多种体能练习、技能练习和游戏中。

第三，启发性。统观书稿，精彩之处颇多，让我的思维跳跃，思绪也随之发散，让人有一种要赶紧将这些方法付诸课堂实践的冲动，更想融入其中、享受其乐。如果我们善于把这些常见的器材设施、生活物品、游戏方法等融入体育教学，肯定有助于提高体育教学质量。

体育课程物力资源的开发与利用是一个经久不衰的话题，伴随着时代的发展和课程改革的不断推进，它的内容和方法也不断丰富。只要我们心中有学生、眼里有资源，用心捕捉身边的点点滴滴，行而不辍，体育课程物力资源终将迎来一片新天地。

"体育课程物力资源的开发与利用"丛书集百人之力为广大体育教师做了一件很有意义的事情，我希望能有更多的实践者参与其中，共同寻求教育教学新路径，总结出更多更新的教学成果。最后，我相信这套丛书的出版定会给广大的一线体育教育工作者和体育教育专业学生有益的指导和启示。

华东师范大学体育与健康学院院长、博士生导师

教育部中小学体育与健康课程标准研制组和修订组组长

教育部全国高等学校体育教学指导委员会理论学科组组长

教育部首届全国高校健康教育教学指导委员会主任委员

教育部全国中小学体育教学指导委员会副主任委员

第六、第七届国务院学位委员会体育学科评议组成员

2024 年 10 月

不忘初心，一起向未来

随着课程改革的深入实施，广大教师意识到丰富多样的课程资源是课程实施的必要条件，没有课程资源的支持，再美好的课程改革设想也很难变成实际教育成果。课程物力资源是课程资源中不可或缺的一部分，体育课程物力资源是学校体育教学中的各种器材、场地、设施及校内外的自然环境等有形物体的总称。它是学校体育教学的硬件之一，是实施体育教学强有力的物质保证，决定着体育课程实施的范围和实际水平。我们应充分利用现有的体育课程物力资源，强化课程物力资源开发意识，提高对课程物力资源的认识水平，并深入挖掘与开发新的课程物力资源，不断满足学生的体育活动需求，让体育课堂教学焕发出更新更强的生命力，从而更好地促进课程目标的实现。

力学笃行，积跬致远。本研究开始于2002年浙江省台州市规划课题"农村中学体育器材开发和利用的实践研究"，之后不断拓展深化；2008年，"中小学体育课程物力资源的开发与利用"成为浙江省教育科学规划体卫艺专项课题；2010年，在台州市教育科学研究所和玉环县（今玉环市）教育科学研究所领导的大力关心和帮助下，课题下设"体育小器材的开发与利用""体育大器材的开发与利用""废弃体育器材的开发与利用""自制简易的体育器材""生活物品在体育教学中的运用""体育场地的开发与利用"等6个子课题；2012年，本研究成果获浙江省第四届基础教育教学成果评比一等奖。可谓十年磨一剑，砺得成果丰。

课题有终时，教研无止境。在前期的研究中，体育场地器材课例的研发满足了体育课堂教学及课余训练的需要，我们看到了课题研究对体育教学的巨大推动作用，也感受到了此项课题还有十分广阔的研究前景。为此，我们在之前研究的基础上进行了深化和拓展，对常规体育器材、生活物品、校园环境资源、自制体育器材和新兴体育器材5个领域进行了全面深入的研究，其中许多成果得到了广大体育教师的认可。为了服务体育课堂教学，解决全国广大体育教师的从教困扰，使学生更喜爱体育活动，我们集众人之智，筹众人之力，精耕细作，将这些成果整理成书。期待这套丛书能成为广大体育教师及体育教育专业学生的参考书和工具书，成为体育教师教学的好帮手，成为学校体育教育发展的新基石。

为了直观清晰地展示体育课程物力资源的研究成果，我们将这套丛书分为《常规体育器材的开发与运用》《生活物品在体育教学中的运用》《校园环境资源在体育教学中的运用》《自制体育器材》《新兴体育器材》5册。

在这套丛书付梓之际，我思绪万千，激动的心情久久不能平静。从最初申报课题到最终定稿付梓，整整22年，凝聚着我太多的心血，它是我的"思维之果""实践之果"，更是我的"生命之果"。个人的力量是有限的，但团队的力量是无限的，正所谓"众人拾柴火焰高"，在此，我要衷心感谢编委会的各位老师，没有他们的辛勤付出、通力合作、大胆创新、积极探索，就没有这套丛书的最终付梓。为此，我将本册书的参编人员一一罗列，深表感谢，他们是：孙业远、蒋林稼、张琳（江苏省南京市成贤街小学），张宁、吴肖（浙江省玉环市玉城中学），陈兆文（浙江省台州市教育教学研究院），王龙（浙江省玉环市芦浦中心小学），陈婉娜、尚伟民（浙江省玉环市坎门第一初级中学），王安洁（浙江省玉环市龙溪初级中学），李华（浙江省玉环市实验小学），顾迎迎（江苏省南京市孝陵卫初级中学），聂鸣（江苏省南京审计大学附属实验学校），张宜玲（江苏省南京市北京东路小学），朱娜（浙江省玉环市干江初级中学），马强（河北省沧州市解放路小学），杨林婷（浙江省玉环市干江中心小学），张云军（浙江省玉环中学），李杰（浙江省玉环市城关第一初级中学），王伟鹏（浙江省玉环市实验初级中学），李永博（江苏省南京市古平岗小学），王玲（浙江省台州市黄岩区沙埠镇中心小学），毛君（浙江省玉环市玉环中学附属初级中学），杨芬（浙江省玉环市陈屿中心小学），林青青（浙江省玉环市玉澜河小学），叶昌（浙江省玉环市清港中心小学），高梦幻（浙江省玉环市清港初级中学），黄金升、林有程（浙江省玉环市中等职业技术学校），周晨光（北京市海淀区羊坊店中心小学），张迁（浙江省台州市黄岩区教育局教研室）。最后，我由衷感谢北京体育大学出版社领导和编辑们的大力支持，还有参与拍摄学生的辛勤付出。

金无足赤，人无完人。由于学术水平和研究能力的限制，丛书中难免会有纰漏和不足之处，敬请广大同行提出宝贵意见和建议，以便丛书修订时能够进一步完善，共同助力学校体育发展。

叶海辉

2024 年 10 月于玉环

目录 CONTENTS

第一部分 教学辅助类

一、足球颠球袋

足球颠球袋是足球颠球练习的入门常用器材之一。该器材一般由可调节腰带、弹力绳、球套三部分构成。在进行颠球练习时，使用足球颠球袋能够避免学生自己捡球，从而节约时间，提高练习效率；而且足球颠球袋的可调节腰带弹性好，佩戴舒适，能满足不同体型学生的需求。

（一）器材介绍

1. 器材构成

足球颠球袋由可调节腰带、弹力绳、球套三部分构成。（图1-1）

图1-1

2. 主要特征

足球颠球袋利用可调节腰带、弹力绳、球套的连接，能使"人球合一"，学生可以通过调整弹力绳的长度，将球固定在最佳练习位置，让足球成为自己形影不离的"小伙伴"。该器材使用起来灵活方便，不受场地限制，能满足各种足球基本技术的练习。

3. 适用范围

适用于中小学生进行足球颠球练习，尤其适合初学足球颠球技术的人群。

（二）使用方法

将足球放到球套中，用魔术贴将其固定，避免足球脱落。然后把腰带系在腰部并扣紧，再将弹力绳一端的卡环挂在腰带卡扣上，即可进行脚背（图1-2）、脚内侧（图1-3）、脚外侧、大腿等部位的足球颠球练习。

图1-2　　　　　　图1-3

（三）注意事项

（1）使用时注意根据自身需求调整好腰带和弹力绳的长度。

（2）收纳时最好将腰带和球套拆开放置，并且要把魔术贴粘贴好，避免粘连其他器材。

二、足球反弹网

足球反弹网由支架和反弹网构成，能辅助各种足球传接球训练。足球反弹网可以方便足球的回弹，减少学生的捡球时间，提高练习效率，并能实现弹球和进球的多功能使用。

（一）器材介绍

1. 器材构成

足球反弹网由支架和反弹网构成，支架由玻璃纤维钢或钢管制成，反弹网由高弹力涤纶制成。足球反弹网有单网面反弹网（图2-1）和高低网面反弹网（图2-2）两种，两种足球反弹网大小相近，一般长约180cm，宽约89cm，高约112cm，重约5kg。

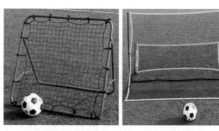

图 2-1　　　　　　图 2-2

2. 主要特征

足球反弹网可循环使用，且经久耐用。其结构简单，安装拆卸便捷，占地面积小，节省空间；在训练和比赛中均可使用，有利于提高器材的利用率，降低成本。

3. 适用范围

适用于中小学生进行足球踢球练习。

（二）使用方法

1. 常规使用方法

将足球反弹网的支架打开，放在练习场地上即可。为避免反弹网受力后出现移动现象，可用地钉或重物（沙袋、沙包）将其固定。

2. 地滚球传接球练习

学生踢地滚球，碰撞反弹网的低面网，低面网将足球反弹给学生，学生接地滚球（图2-3）。练习时须注意踢球的力量和角度不同，球的反弹远度和角度也不同。

图 2-3

3. 高空球、半高球传接、凌空射门练习

面对反弹网的高面网踢地滚球，高面网会将地滚球反弹为高空球，学生可据此进行高空球的停、传、射练习，还可以对准高面网中部位置进行半高球的传球练习。

（三）注意事项

（1）练习时选取平坦宽敞的场地，最好在足球场上进行。

（2）使用时根据学生的脚部力量，控制好足球反弹网的距离。

（3）收纳时将支架和反弹网拆解放置，以节约场地空间。

三、足球回弹板

足球回弹板由回弹板、支架和紧固件构成，具有可折叠、拆装方便的特点，可用于足球教学和训练。学生可以利用该器材进行各种训练，从而提高足球传球、停球、触球、挑球、射门等技术。

（一）器材介绍

1. 器材构成

足球回弹板由回弹板、支架和紧固件构成，各组件主要采用高性能的 LDPE（低密度聚乙烯）、PVC（聚氯乙烯）材料，经久耐用。支架固定于回弹板两侧。

足球回弹板有 180cm×160cm、150cm×50cm、100cm×40cm 等多种规格；有不可调节角度的固定式（图 3-1 为正面，图 3-2 为背面），有可调节角度的活动式（图 3-3），有的回弹板表面还会固定若干块凸起面（图 3-4），利用凸起面形成的斜角让足球弹射成任意角度，供守门员练习使用。

图 3-1　　　　　　　　　　图 3-2

图 3-3　　　　　　　　　　图 3-4

2. 主要特征

足球回弹板具有抗老化、抗冲击、不断裂、韧性高、耐磨损、耐腐蚀、抗紫外线、防水防潮、环保无污染等特性。足球回弹板的三角式支架设计能起到强有力的支撑作用，坚固安全，结实耐用，受球撞击不易变形或倾倒。足球回弹板独特的折叠设计也使其方便携带。

3. 适用范围

适用于中小学生进行传球、停球、触球、挑球、射门等足球技术练习。

（二）使用方法

使用时，将足球回弹板的支架打开放在需要的练习地点即可。若使用可调节角度的足球回弹板，则根据需求，通过支架上的调节杆来改变回弹的倾斜角度即可。

（三）注意事项

（1）不要坐、站或放重物在回弹板上。

（2）练习时，可在支架上或回弹板后面放置沙袋等重物，以增强回弹板的稳定性。

四、反应传球训练器

反应传球训练器是一款具备击打感应和光源指示的六边形器材，具有携带方便、安装快速等特点，能辅助篮球、足球、跆拳道、拳击等运动项目的训练，激发学生的练习兴趣，提高学生的传接球水平。

（一）器材介绍

1. 器材构成

反应传球训练器（图4-1）由底板、发光板、感应板和控制器四部分构成，呈六边形，尺寸约为 50cm×42cm×2cm，重约500g。

2. 主要特征

外观轻巧，携带方便；可快速安装，方便实用；工艺先进，结实耐用。

图4-1

3.适用范围

适用于中小学生进行篮球、足球、跆拳道、拳击等运动项目的训练。

（二）使用方法

1.篮球传接球练习

训练时，将反应传球训练器固定在墙面上，根据训练要求，设置不同高度。学生先原地进行各种篮球运球练习，当看到反应传球训练器上的绿灯亮起时，迅速将球传至绿色区域，随后接住反弹球，循环练习。（图4-2）

图4-2

练习提示：学生传球的力量和角度不同，球的反弹远度和角度也会不同。

2.足球传接球练习

训练时，将反应传球训练器固定在墙面上，根据训练要求，设置不同高度。学生先原地进行各种足球运球练习，当看到反应传球训练器上的绿灯亮起时，迅速将球传至绿色区域，随后接住反弹球，循环练习。（图4-3）

图4-3

练习提示：学生传球的力量和角度不同，球的反弹远度和角度也会不同。

（三）注意事项

（1）反应传球训练器为电子设备，使用时注意防水防潮。

（2）反应传球训练器应存放于阴凉干燥处，避免阳光直射，避免重物挤压。

五、摸高训练器

摸高训练器是一款实用的新兴体育器材，由拨片、复位器、支架和底座四部分构成，可移动放置，也可固定在墙壁上，具有结构简单、使用方便、实用性强等特点。学生原地起跳后单手触摸摸高训练器的最高点，可以进行摸高练习、测量或比赛，从而检验学生的弹跳能力。

（一）器材介绍

1. 器材构成

摸高训练器（图 5-1）由拨片、复位器、支架和底座四部分构成，大多由不锈钢和 ABS（丙烯腈－丁二烯－苯乙烯）树脂、亚克力等材料制成。摸高训练器有各种规格，包括小学版（120 ～ 230cm）、初中版（150 ～ 300cm）、成人版（180 ～ 350cm）三种。

2. 主要特征

摸高训练器的支架上刻有高度数值（图 5-2），可供调节、参考；拨片（图 5-3）可快速整理、复位，简单快捷；底座采用加厚钢材，稳固结实，使用安全。

图 5-1　　　　　　　　图 5-2　　　　　　　　图 5-3

3. 适用范围

适用于中小学生进行弹跳、左右摸高等练习。

（二）使用方法

学生原地或助跑起跳，用单手触摸最高点的拨片后，即可查看纵跳高度，然后拉动回复绳子或回复杆，将被打乱的拨片复位，就可以进行下次摸高。

（三）注意事项

（1）摸高时，手掌要伸直，不能弯曲手指去抓拨片。
（2）要确保摸高训练器的底座稳定才能进行摸高练习。

六、篮球脚步垫

篮球脚步垫由橡胶和佳织布构成，具有携带方便、场地限制小等特点，适用于篮球训练中的身法、灵敏、突破和防守等训练内容。

（一）器材介绍

1. 器材构成

篮球脚步垫由橡胶和佳织布构成，底部采用纹理防滑设计，一般尺寸为 120cm×90cm、120cm×76cm、94cm×69cm（儿童款），厚度为 2.5mm、3mm 和 4.5mm，重 1.2 ~ 2kg，表面绘有正方形、圆形、数字等图案。（图 6-1）

图 6-1

2. 主要特征

体积小，携带方便；可任意调动位置，任意组合，机动性强。

3. 适用范围

适用于中小学生篮球训练。

（二）使用方法

1.胯下运球

学生两脚分别站于1号和4号位，持球开始进行胯下交替运球，如此反复练习（图6-2）；也可以两脚站于2号和3号位进行练习。

图6-2

2.滑步换手运球

学生两脚分别站于2号位和中圈上，右手运球，然后换至左手，同时向左侧滑步一次，两脚分别落于1号位和中圈上。之后，运球换至右手，并向右侧滑步，如此反复练习。（图6-3）

图6-3

3.后撤运球

学生两脚分别站于1号和2号位，右手运球，然后以左脚为轴心身体向右转，右脚（非轴心脚）向后撤一步至3号位，接着右脚还原，如此反复练习（图6-4）；也可以进行以右脚为轴心的后撤运球练习。

图6-4

4.持球突破

学生两脚分别站于3号和4号位，然后左脚向1号位跨一步，双手持球放于身体左侧，做持球突破动作，接着左脚收回，如此反复练习（图6-5）；也可以进行持球向右侧突破练习。

图6-5

5.上步运球

学生两脚分别站于 1 号和 4 号位，右
手运球，然后右脚向前移动到 2 号位，接
着右脚还原，如此反复练习（图 6-6）；
也可以两脚分别站于 2 号和 3 号位，进行
左脚上步运球练习。

图 6-6

（三）拓展运用

（1）篮球脚步垫可作为瑜伽垫，进行各种垫上相关练习。

（2）利用垫上的数字，可进行一定顺序的单脚、双脚、单双脚交换跳练习。

（四）注意事项

（1）每次使用前须擦拭篮球脚步垫和鞋底，以保持干净，增大摩擦力，防
止滑倒。

（2）不用时，将篮球脚步垫卷成圆柱形，存放于阴凉、干燥处。

七、便携式羽毛球网

便携式羽毛球网具有携带方便、展开即用的特点。进行羽毛球运动时，选择
一块空地将该器材打开并固定好，就得到了一片简易的羽毛球场地，从而能够有
效地解决羽毛球场地少的问题。

（一）器材介绍

1.器材构成

便携式羽毛球网有支架式（图 7-1）和底座式（图 7-2）两种。支架式由支架、

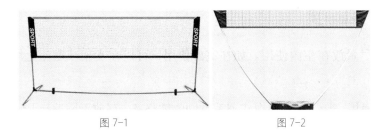

图 7-1　　　　　　　　　　　图 7-2

球网、支撑杆构成，支架由精钢支架和延伸弹力绳构成，长度有 3.1m、4.1m、5.1m 和 6.1m 四种，高度可在 0.85 ~ 1.55m 的范围内调整。底座式由球网、网柱和底座构成。球网由高弹力尼龙绳制成，网孔严密、不卡球，有四种款式，长度分别是 3.1m、4.1m、5.1m 和 6.1m，重 2 ~ 4kg，高度为 1.55m，宽度为 3m。

2. 主要特征

经久耐磨，有着非常好的弹性和韧性；不受场地限制；收纳便捷，携带方便，展开即用。

3. 适用范围

适用于羽毛球练习以及多种球类练习和身体素质练习。

（二）使用方法

支架式：练习前，首先把支架的 3 条支撑腿打开并固定，调整左右立杆的高度并将其锁定，然后将球网套在立杆上，最后打开支撑杆，将其插入左右支撑插口即可。

底座式：练习前，首先将网柱的伸缩杆拉开，然后将网柱底端插入底座插口，最后套球网即可。

（三）拓展运用

便携式羽毛球网可作为排球网或毽球网，进行排球、毽球的基本技术练习或比赛。

（四）注意事项

（1）尽量放在室内使用。如在室外使用，可以在支架或底座上增加重量进行加固。

（2）使用完毕，应将便携式羽毛球网收纳整齐，存放于阴凉、干燥、通风处。

八、敏捷环

敏捷环具有形状多样、摆放灵活、组合多变的特点，在实际教学中易操作、趣味性强，既能发展学生的脚步灵敏性，又能培养学生的注意力。

（一）器材介绍

1. 器材构成

敏捷环边沿扁平，由环保 ABS 树脂制成，形状有圆形（图 8-1）、

图 8-1   图 8-2

正方形、六边形（图 8-2）、八角形、梯形等，规格多样。

2. 主要特征

色彩丰富、重量轻、安全、便于收纳、场地受限小等。

3. 适用范围

适用于中小学生进行灵敏性练习。

（二）使用方法

根据学生年龄的大小及训练需要，可选择不同规格的敏捷环进行摆放。通过多种变化的组合，吸引学生的注意力，提高学生的练习兴趣。

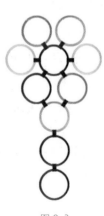

（1）脚步灵敏性练习：可通过不同组合设计（图 8-3），对学生的步频、步幅进行训练，如左右脚原地快速小碎步、

图 8-3

前后小碎步、交叉步等训练。

（2）作跳跃环：可用于练习连续立定跳、蹲跳起、单跳双落等。

（3）作套环：保持一定距离，用敏捷环进行套取目标物的练习。

（4）作目标环：用作篮球投篮的篮筐，排球垫、传球的目标环，物体掷准、掷远的目标环。

（5）作连接环：可作为多人之间的抓手连接物，用于合作走、跑、跳等练习。

（6）作障碍物：用卡扣将敏捷环组合成一定高度的障碍物（图8-4），让学生从敏捷环中钻过或进行跨越障碍等练习。

图 8-4

（三）注意事项

（1）不得故意掰折敏捷环，以免损坏器材。

（2）使用完毕，可将其叠放在地面或架子上，上方不可压其他重物。

九、十字跳垫

十字跳垫是可用于趣味素质练习的小型器材，可作为中小学趣味运动会的比赛器材。使用该器材进行训练可以发展学生的灵敏性和下肢运动能力，提升学生的眼脚协调能力。

（一）器材介绍

1. 器材构成

十字跳垫（图9-1）分为内外两层，由5个正方形垫子拼接成"十"字形，每块正方形垫子边长均为50cm，十字跳垫外层用PU（聚氨酯）革布制成，中间填充珍珠棉。

图 9-1

2. 主要特征

材质柔软，耐摔耐磨，防滑性强；可折叠也可拆卸成正方形垫子单独使用，拆装方便，用途多样。

3. 适用范围

适用于中小学生提升下肢爆发力，以及发展单双脚起跳能力的练习。

（二）使用方法

1. 计数赛

学生站在十字跳垫中间的 "0" 上，听到口令后，依次完成 "0—1—0—2—0—3—0—4" 的双脚跳，此为一次有效成绩，看谁在规定时间内完成的有效轮次最多。（图 9-2）

练习提示：其间若出现跳错顺序或跳漏数字方块，则本次无效，须回到 "0" 重新开始，不影响前面的有效次数；双脚跳可变为单脚跳。

图 9-2

2. 计时赛

学生站在十字跳垫中间的 "0" 上，开始后，按规定顺序进行规定次数的跳跃，看谁用时最少。

3. 团队赛

学生 4～10 人一组，每组准备一个十字跳垫。开始后，各组第一人完成 20 次跳跃后，马上离开十字跳垫，第二人继续完成 20 次跳跃，依次进行，直到最后一人完成为止，看哪组用时最少。

（三）拓展运用

1. 报数跳格

学生 2～4 人一组（每人选定 1～2 个数字），每组一个十字跳垫。开始后，学生根据教师所报数字跳到相应十字跳垫的数字方块里，如报"2"，则选定数字为"2"的学生跳到十字跳垫的数字方块"2"上。该练习可以培养学生的反应能力，提升学生的跳跃能力，增强学生身体的稳定性。

2. 单跳双落

学生站在十字跳垫上，练习单脚起跳、双脚落地，根据十字跳垫的数字顺序练习。该练习可以发展学生的下肢力量和跳跃能力。

3. 四点归位

学生蹲立在十字跳垫中间的"0"上，当教师报"1"时，学生两手两脚落于十字跳垫 1 ～ 4 格中任何 1 个方格内；教师报"2"时，学生两手两脚分别落在任何 2 个方格内；教师报"3"时，学生两手两脚分别落在任何 3 个方格内；教师报"4"时，学生两手两脚分别落在 4 个方格内。该练习可以帮助学生提升身体的柔韧性，同时发展学生的支撑能力。

4. 跪跳起

将十字跳垫叠放成高度不一的长方体，学生跪立在高度较高的垫子上，向前跳下落在较低的垫子上，利用高度差练习跪跳起。在此过程中，十字跳垫可以辅助学生平稳落地，帮助学生掌握跪跳起的基本动作要领。

（四）注意事项

（1）为避免跳跃时垫子滑动，十字跳垫应尽量放在粗糙的地面上，或用胶带将其固定，或让学生踩边固定。

（2）不用时，应将十字跳垫收纳整齐，存放于阴凉、干燥、通风处。

十、投掷粘粘球

投掷粘粘球属于软式器材，由粘粘球和目标靶构成。它是遵循学生身心发展规律的低成本感统运动类游戏器材，可以锻炼学生的身体协调能力，强化学生的四肢运动能力，提升学生身体部位的触觉及感知能力；通过游戏，学生还能练习走、投等基本动作技能，发展上肢力量和灵敏性。

（一）器材介绍

1. 器材构成

投掷粘粘球由粘粘球和目标靶构成，其中，目标靶有支架式、悬挂式、背心式等不同样式，粘粘球由 PP（聚丙烯）棉填充。其中，支架式目标靶（图 10-1）和悬挂式目标靶（图 10-2）呈正方形或圆形，且每一环的颜色不同，色彩醒目。背心式目标靶（图 10-3）的外形和背心类似，背后带有魔术贴，便于进行多种投掷游戏。

图 10-1　　　　　　　　　图 10-2　　　　　　　　　图 10-3

2. 主要特征

色彩醒目，便于激发学生的游戏兴趣；质量轻巧，便于携带；表面软弹，安全性高，可满足不同场合的需求。

3. 适用范围

适用于中小学生，主要用于课外拓展活动或家庭亲子游戏等场合。

（二）使用方法

1. 投球和躲球

若干学生参与游戏，穿上背心式目标靶，在规定时间内，向对方的身体正面或背面投掷粘粘球，同时注意躲避来球，以此发展学生的身体协调性和灵敏性，提升学生的运动能力。

2. 接球游戏

学生两人一组，向对方投掷粘粘球，并用双手接住对方的球，这个游戏可以培养学生的合作能力，提高学生的团队意识。

3. 揪尾巴

若干学生参与游戏，每人背部粘上 5 个球。在区域范围内，学生通过跑动和闪躲，在保护自己"尾巴"（粘粘球）的同时，揪下对方的"尾巴"（粘粘球）。

（三）拓展运用

1. 作沙包

粘粘球可当作沙包使用，作为学生学习各种投掷动作的工具，帮助学生掌握基本投掷动作的手形和手法，体验发力顺序，学会基本投掷动作。

2. 作球衣

背心式目标靶可作为球衣，用作各类运动项目比赛的分队服。

（四）注意事项

（1）游戏时，尽量不要穿毛衣等容易与目标靶粘连的衣物。

（2）不用时，将目标靶折叠整齐，放于室内的架子上或箱子里，粘粘球要集中放置。

十一、软沙包

沙包游戏是一种传统的民间体育游戏，随着时代的发展，沙包在花色、形状、大小、重量、填充物等方面发生了许多变化，特别是采用荞麦壳、稻壳、珍珠棉等软质填充物制作的软沙包，与传统填充沙子的沙包相比，有了更多的新玩法。

（一）器材介绍

1. 器材构成

当前，制作软沙包的布料主要为加厚帆布，填充物主要为荞麦壳、稻壳、珍珠棉等。软沙包的边长（直径）为 5 ~ 35cm，形状为圆形、扁方形、正方形等，重量为 40 ~ 500g。软沙包还可携带一条尾带，以增加游戏的多样性和观赏性。（图 11-1）

图 11-1

2. 主要特征

用于制作软沙包的布料为加厚帆布，手感柔软，经久耐用，色彩鲜艳，图案众多，可满足不同人群的需要，且软沙包的大小、重量、形状各异，可根据需要自由选用；用荞麦壳、稻壳或珍珠棉作为填充物，材质柔软，安全性高。

3. 适用范围

适用于中小学生，可以发展学生的投掷能力及身体协调性和灵敏性。

（二）使用方法

软沙包在小学投掷教学和游戏中运用得较多，特别是软沙包的丢（丢沙包、跳房子、打"野鸭"）、踢（踢沙包、踢远、踢准）、抛（抛高、抛远、抛准、互抛）等传统游戏，深受小学生喜爱。除此之外，学生还可自行创新其他玩法。

（三）注意事项

练习时尽量选择整洁的场地，避免弄脏软沙包；使用之后将软沙包集中收纳在筐（箱）内。

十二、喇叭标志筒

喇叭标志筒由喇叭状的锥形标志筒和胶套构成。其主体采用PE（聚乙烯）材质，上端有一个TPE（热塑性弹性体）材质的胶套，它能使该器材更具稳定性。

（一）器材介绍

1. 器材构成

喇叭标志筒（图12-1）由喇叭状的锥形标志筒和胶套构成，分别采用PE和TPE材质制作而成。喇叭标志筒的底部呈圆形，边缘加厚，上端有胶套。喇叭标志筒高约23.5cm，底部直径约18cm，顶部直径约4cm。

图12-1

2. 主要特征

颜色鲜亮，韧性好，不易变形，耐磨性好，使用不受场地限制。

3. 适用范围

适用于各种运动项目。

（二）使用方法

1. 作标志物、障碍物

类似于常规的标志筒，作各种标志物、障碍物等。

2. 原地运球换喇叭标志筒

右手持球，左手拿喇叭标志筒，在体前运球换左手的同时，快速交换喇叭标志筒到右手，反复练习。（图12-2、图12-3）

图12-2

图12-3

3.行进间运球推喇叭标志筒

持球站立，向前运球，推倒或扶起喇叭标志筒，反复练习。（图12-4）

4.行进间运球拿喇叭标志筒

持球站立，距离喇叭标志筒约3m。开始后，右手运球至喇叭标志筒，快速用左手拿起喇叭标志筒，做突破练习。（图12-5、图12-6）

图12-4　　　　　　　　　图12-5　　　　　　　　　图12-6

（三）注意事项

使用时不要对喇叭标志筒进行压、敲、踢、坐等动作，以免损坏器材；不用时将其叠放于阴凉处。

十三、标志盘

标志盘由环保PE材料制成，在体育训练和体育课堂上经常可以看到该器材被作为标志物和置物托使用。巧妙运用标志盘可以进行多种适合学生的趣味游戏，以及篮球的传球、运球、投篮等基本技术训练，能激发学生学习的内驱力，提高学生的反应、速度、跳跃等能力。

（一）器材介绍

1.器材构成

标志盘由环保PE材料制成，颜色丰富，其形状有圆形（图13-1）、三

角形和正方形（图 13-2）等。圆形标志盘又分为
大口径、小口径、梅花口径等。圆形标志盘底部
直径约 19.5cm，内圈直径有 9.5cm（大口径）和
4cm（小口径）两种。正方形和三角形标志盘边长
均为 18cm。

图 13-1

2. 主要特征

韧性强，结实耐用，弯曲不易损坏；无毒无味，
轻巧便携，安全性高；颜色丰富，可选择性多。

3. 适用范围

适用于各种运动项目，主要作为标志物使用。

图 13-2

（二）使用方法

1. 作标志物

利用标志盘便携、色彩醒目的特点，在跳远、跳高等练习中可以作为步点
的标志物使用；在短跑训练中可以作为步幅的标志物使用，提高学生加速跑的
步幅；在足球训练中可以作为拨球、推球、横拉、回拉的标志物使用；在队列、
队形站位中可以作为标志点使用。

2. 作置物托

大口径的圆形标志盘可以作为足球、篮球、排球的球托使用，以有效解决教
学中三大球的摆放问题；梅花口径的圆形标志盘可以作为标志杆、体操棍的置物
托，用以进行脚步灵活性练习。

（三）拓展运用

1. 趣味游戏

（1）听色摸盘。

将标志盘按照图 13-3 摆放，学生两人一组面对面站立在标志筒两侧（图

13-4）。游戏开始，学生根据教师报的颜色去摸两侧对应的标志盘，并迅速返回摸标志筒，先完成者获胜。

图 13-3　　　　　　　　图 13-4

（2）辨色跳跃。

学生 4 ~ 8 人一组，每人有黄色（图中浅色）和蓝色（图中深色）标志盘各一个，各组将所有标志盘按一黄一蓝交替排成一排（图 13-5）。

图 13-5　　　　　　　　图 13-6

游戏开始，每组学生依次出发，遇到蓝色标志盘，两脚分开，从侧面跳过；遇到黄色标志盘，两脚并拢，从上方跳过（图 13-6）。全部完成后，快速跑回接力，先完成的组获胜。

（3）快速争夺战。

学生 10 人一组，将 9 个标志盘以相同距离摆成圆形（图 13-7），学生站于圆外按逆时针方向边绕边做指定动作

图 13-7　　　　　　　　图 13-8

（如高抬腿、后踢腿、开合跳等），当听到哨声时迅速下蹲，去按就近的标志盘，没有按到的学生失败，然后继续听教师的口令进行游戏。（图 13-8）

2. 篮球基本训练

（1）模拟信号灯运球。

使用胶带将不同颜色的标志盘粘在墙上，标志盘左右、上下间距约 30cm，学生距离墙壁约 1m，面对标志盘原地按照指定方式（如左右手交替、胯下、背

后等）运球，同时集中注意力，根据教师报的颜色，去摸对应颜色的标志盘。（图 13-9）

（2）飞来流星。

学生两人一组，相距约 3m 面对面站立，一人负责掷标志盘，另一人按照教师的要求在变换运球动作的同时，躲避从不同角度飞来的标志盘。（图 13-10）

图 13-9

（四）注意事项

不要故意去踩、拽标志盘，不用时将其叠放于阴凉处。

图 13-10

十四、断开式安全运动跨栏架

断开式安全运动跨栏架是由底座、立管、软体横杆构成的新兴体育器材，可以用于进行多种越、钻、绕的练习，能有效地发展学生的协调、灵敏、力量等身体素质。断开式安全运动跨栏架的高密度海绵可以加强练习的安全性，减轻学生的恐惧心理，有效地提高练习效率。

（一）器材介绍

1. 器材构成

断开式安全运动跨栏架由底座、立管、软体横杆构成，底座和立管由不锈钢制成（图 14-1）。立管可调节高度，分为 76.2cm、80.4cm、91.4cm、100cm、106.7cm 五档。软体横杆由高密度海绵制成，柔软耐用。

图 14-1

2. 主要特征

软体横杆采用高密度海绵制成，防晒不吸水，使用寿命长；中间留空的设计使练习者不易受伤，练习安全性高。

3. 适用范围

适用于中小学生，主要用于跨栏类项目的练习。

（二）使用方法

1. 连续跨越

练习时根据学生的能力，将栏架按照一定距离摆放，学生以跨栏或团身跳的姿势越过栏架。

2. 正面一步走栏

将若干栏架以约 60cm 的距离摆成一排，学生面对栏架站立。练习开始，学生提高重心，支撑腿保持伸直，摆动腿提膝转胯，一步迈过一个栏架。

3. 侧向踢腿绕栏

将若干栏架以约 50cm 的距离摆成一排，软体横杆指向栏架两侧（图 14-2），学生侧对栏架站立。练习开始，学生提高重心，支撑腿保持伸直，摆动腿向栏架一侧摆出，一步越过一个栏架。

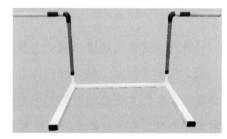

图 14-2

4. 栏上屈膝侧抬腿

将若干栏架以约 50cm 的距离摆成一排，学生侧对栏架站立。练习开始，学生提高重心，支撑腿保持伸直，摆动腿屈膝上抬向侧面摆出，一步迈过一个栏架，直至通过所有栏架。

5. 侧向上下绕栏

将若干栏架以约 50cm 的距离摆成一排，学生侧对栏架站立。练习开始，学生降低重心下蹲，侧身从栏下钻过，接着侧身提膝，侧身从栏架上迈过，循环练习，直至通过所有栏架。

（三）注意事项

由于横杆是软体材质，存放时要避免靠近高温物体；使用时不要弯折横杆。

十五、多功能标志杆

多功能标志杆由杆和底座构成，由环保 ABS 树脂和金属制作而成。其除了具有普通标志杆的功能外，还可以通过调整节点、拆卸组合等方式，巧妙地应用于球类、田径等项目的练习。

（一）器材介绍

1. 器材构成

多功能标志杆由可折叠的杆和可注沙或水的底座构成，由环保 ABS 树脂和金属制作而成，长度有 80cm、150cm 等不同规格，有红、黄、绿等多种颜色。（图 15-1）

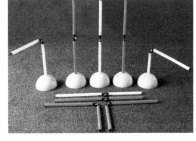

图 15-1

2. 主要特征

结实耐用，轻巧，易摆放、携带，色彩亮丽，可通过调整节点、拆卸组合等方式进行使用。

3. 适用范围

适用于中小学体育课堂教学及训练，主要作为标志物使用。

（二）使用方法

1. 球类练习

（1）篮球：将标志杆折成 90°，学生面向标志杆进行原地体前换手 V 字运球。要求球的落点控制在标志杆正下方，同时球不能打到标志杆。教师可以根据学生的能力调节标志杆折成的角度，如果学生的能力较弱可调大角度，反之则调小。

拓展：学生还可以一边单手运球，一边根据教师的口令，调整标志杆的方向，锻炼控球能力。

（2）足球：将两个标志杆折成90°并相对摆放，组成简易的小球门进行射门练习。（图15-2）

拓展：两人相对站立，并保持一定距离，用脚内侧传球，使球通过小球门；还可以增加标志杆的组数，进行行进间的连续传接球练习。

图15-2

2. 田径练习

（1）将两个标志杆折成90°并相对摆放，组成简易的小跨栏架，进行跨栏练习。两个标志杆的中间是不相连的，这样可以降低学生被绊倒的风险。相同的组合方式还可以在急行跳远练习时，作为限制学生起跳高度的标志物使用。

（2）将多个标志杆折成90°，固定距离，以S形摆放，使标志杆指向不同的方向，学生根据标志杆所指方向进行不同方位的变向跑练习。

拓展：将标志杆从底座上拆卸下来，调整节点角度，使之组合成方形、菱形、直线等形状并摆在地上，进行单脚、并脚、开合等变换跳练习；还可混合多种摆放方式，组织学生进行跑跳混合练习。

（三）注意事项

不得故意踩踏、掰折、拉拽多功能标志杆，以免损坏器材。

十六、跑酷A字架

跑酷A字架由A字形钢铁框架和PVC皮革构成，主要用于发展学生翻、爬、越过障碍物的能力，可以有效地激发学生的锻炼兴趣。

（一）器材介绍

1. 器材构成

跑酷 A 字架（图 16-1）由 A 字形钢铁框架
和 PVC 皮革构成，内部填充高密度 EPE（可发
泡聚乙烯）海绵，板面较软，跑酷 A 字架下端
有 4 个可收放的滑轮，使用时将滑轮收起即可。
跑酷 A 字架高 90cm，宽 70cm，长有 120cm、
150cm、180cm 三种尺寸。

图 16-1

2. 主要特征

整体呈三角形，稳定性强；高度适中，适合大部分人群；带有滑轮，搬运便捷。

3. 适用范围

适用于中小学生，主要用于跑酷类体能练习。

（二）使用方法

1. 侧向攀岩

将跑酷 A 字架放在水平地面上，学生两手抓握跑酷 A 字架的上沿，收腹使
两脚上提，两脚前脚掌抵住跑酷 A 字架斜坡面。练习开始，学生两手两脚交替
向侧面移动，直至移动到跑酷 A 字架另一端。

2. 反身猫挂

将两个跑酷 A 字架相距约 50cm 平行放在水平地面上，学生两手抓握其中一
个跑酷 A 字架的上沿，收腹使两脚上提，两脚前脚掌抵住跑酷 A 字架斜坡面。
练习开始，学生四肢同时发力，转体去抓握背后的跑酷 A 字架，循环练习。

3. 支撑跨越跑酷 A 字架

将跑酷 A 字架放于水平地面上，学生站于跑酷 A 字架侧后方。练习开始，
学生助跑起跳，两手支撑跑酷 A 字架上沿后迅速越过。进行该练习时需要在落
地区域做好保护措施。

（三）注意事项

（1）练习时需要将跑酷 A 字架放于平整的地面，并做好保护措施。

（2）教师要提醒学生在练习时注意控制重心和动作幅度，以免跑酷 A 字架大幅度晃动。

十七、软体三角垫

软体三角垫呈斜坡状，外表面由 PVC 皮革制成，内部填充高密度 EPE 海绵，材质柔软。利用软体三角垫可进行滚翻类、跳跃类等动作练习，一定程度上该器材可代替跳箱。此外，软体三角垫还可以与其他软式器材组合成障碍赛道，以有效地发展学生的体能。

（一）器材介绍

1. 器材构成

软体三角垫（图 17-1）呈斜坡状，斜坡角度约为 30°，外表面由 PVC 皮革制成，内部填充高密度 EPE 海绵，中间部位可折叠，有红、黄、蓝等多种颜色，色彩亮丽，有 80cm×60cm×35cm、120cm×60cm×35cm、180cm×90cm×40cm 等多种尺寸。

图 17-1

2. 主要特征

软体三角垫色彩亮丽，重量轻，材质柔软；整体呈斜坡状，适用于滚翻类动作练习；折叠后，适用于多种跳跃类动作练习。

3. 适用范围

适用于中小学生进行滚翻类、跳跃类等动作练习。

（二）使用方法

1. 滚翻练习

在进行前滚翻教学时，多数学生不会蹬地，导致其身体没有前进的动力。学生可以以准备姿势站在软体三角垫上，蹬地顺势团身从软体三角垫上滚下，从而找到身体滚动的感觉。

2. 跳跃练习

将软体三角垫对折，使软体三角垫组成一个跳箱（图17-2），可以进行多种跳跃类动作练习，如团身跳上跳下、团身跳上单脚跳下等。

图 17-2

3. 体能练习

将软体三角垫与软体跳箱、栏架等组合成障碍赛道，学生以滚翻、跳箱、跳栏架等方式通过障碍物。

（三）注意事项

软体三角垫应置于光滑地面使用，从避免因磨损而缩短其使用寿命。

十八、多功能运动垫

多功能运动垫的表面是水晶绒毯面，其上绘有多种功能区图案，具有结实耐磨、柔软舒适、功能多样等特点，在训练中应用广泛。多功能运动垫对于发展学生的协调、灵敏、平衡、力量等身体素质具有很好的促进作用。

（一）器材介绍

1. 器材构成

多功能运动垫的表面是水晶绒毯面，柔软舒适，底部设计有防滑花纹。多功能运动垫长 2m、宽 1m、厚 8mm，由绳梯区、九宫格区、指南针区、十字跳区、标尺线区等5个功能区组成。（图18-1）

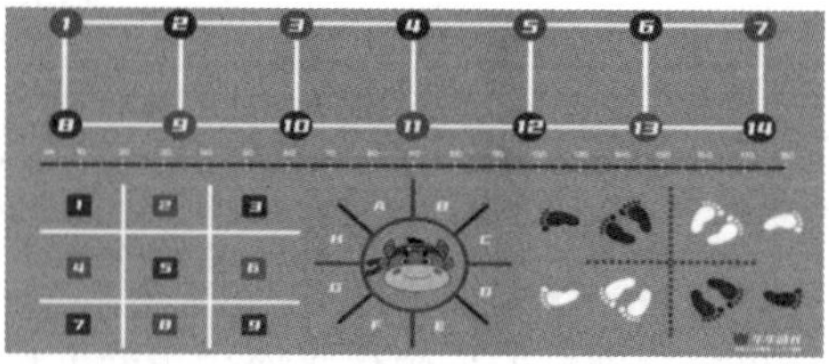

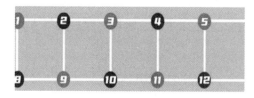
图18-1

2.主要特征

多功能运动垫色彩亮丽，结实耐用，防水耐磨，柔软舒适，重量轻，便于携带，使用方式多样。

3.适用范围

适用于中小学生发展综合素质的练习。

（二）使用方法

（1）绳梯区（图18-2）：可以用于进行全身协调性与灵敏性练习，如行进间开合跳、前进后退跑、Z字形跑跳等。

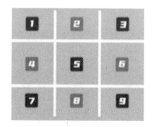
图18-2

（2）九宫格区（图18-3）：可以用于进行平衡性与反应速度练习，如单脚跳、开合跳、并步跳等；还可以根据另一名同学或教师报的数字去踩、摸相对应的数字，锻炼反应能力。

（3）指南针区（图18-4）：可以用于进行下肢协调性与灵敏性练习，如两脚交替踩英文字母，绕圆心进行绕圈高抬腿、后踢腿等，或两脚同时向对称方向迈出，踩不同方向的线段。

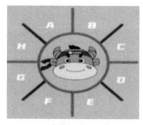
图18-3

（4）十字跳区（图18-5）：可以用于进行空间感知与平衡性练习，如根据十字跳区中的足印进行变向跳、转体跳、单双脚交替跳等。

图18-4

（5）标尺线区（图18-6）：可以用于进行跳跃与柔韧性练习，如根据刻度练习立定跳远，发展下肢力量；或进行坐位体前屈、纵叉、横叉等练习，锻炼身体柔韧性。

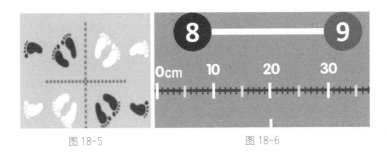

图 18-5　　　　　　　　　　　　图 18-6

（三）拓展运用

1. 在体育课堂中的运用

体育课堂中，一些技巧类练习（如跪跳起、仰卧推起成桥、前滚翻等）和低学段的爬行练习都会用到垫子，多功能运动垫具有一定长度，可以解决体操垫不够长的问题。另外，可以利用多功能运动垫不用的功能区进行具有针对性的课前热身练习和课后拉伸练习，从而实现一物多用，大大提高课堂效率。

2. 在体育训练中的运用

教师在课后经常会对学生进行田径、篮球、足球等项目的训练，学生在训练前可以使用多功能运动垫进行热身练习，训练后可以进行垫上的拉伸练习。多功能运动垫还可以与篮球、足球等项目的技术训练相结合，如学生在多功能运动垫的功能区进行脚步练习的同时，结合篮球的运球、传球练习或足球的脚内侧传接球进行练习。

3. 在大课间中的运用

充分利用多功能运动垫安全便携、耐磨损、功能多的特点，教师可在学校不同区域放置多功能运动垫，以供学生在大课间进行体育活动时使用。

4. 在室内课中的运用

在体育教学中会遇到下雨天、雾霾天等天气，此时教师可以组织学生在走廊、教学楼大厅、教室后的空余区域，利用多功能运动垫进行上肢力量和身体柔韧性等的练习。

5. 在居家锻炼中的运用

利用多功能运动垫的特点，学生在家利用一小块区域就可以进行多种身体素质练习，且不会因噪声过大而影响邻居。

（四）注意事项

多功能运动垫在使用时要铺在平整的地面上；存放时要避免阳光照射，否则容易损坏。

十九、吹气悬浮球

吹气悬浮球是一款寓教于乐的器材，不仅能够锻炼学生的面部肌肉，增强学生的肺活量，还能让学生了解空气动力学和涡旋效应，体验物理学的魅力，它是一款集锻炼和娱乐于一体的器材。

（一）器材介绍

1. 器材构成

吹气悬浮球由吹球棒、放球圈、泡沫球构成，由木质材料和塑料材料制成，其中吹球棒长 10 ~ 15cm，泡沫球直径为 2 ~ 3.5cm，重量为 15 ~ 50g。吹球棒的放球圈一端为出气口，另一端为进气口。（图 19-1）

2. 主要特征

吹气悬浮球结构简单，小巧精致，操作方便，使用安全。

3. 适用范围

适用于中小学生。

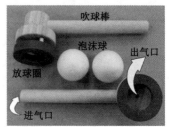

图 19-1

（二）使用方法

手扶吹球棒，将一个泡沫球放在放球圈上，用鼻或口鼻深吸一口气，然后将吹球棒的进气口含在嘴里，持续用力吹气，泡沫球就会上升并处于悬浮状态，停止吹气后泡沫球落下。（图19-2）

图19-2

（三）注意事项

（1）若多人使用一个吹气悬浮球，要做好清洁与消毒工作。

（2）泡沫球为易碎物，要妥善保管与使用，避免因踩压而导致其变形或破裂。

二十、移动式四面单杠

传统的单杠一般安装在室外固定位置，遇雨雪天气时使用受限，并且只允许1～2人进行练习。移动式四面单杠由实心钢管制成，可随时搬动，不受场地限制，结构简单，使用率高，能实现4～8人同时练习，极大地提高了练习效率。

（一）器材介绍

1. 器材构成

移动式四面单杠由长约2.6m、1.2m、1.3m的钢管各4根焊接而成，每一面设计不同高度的横杠2根，横杠为实心钢管材质。（图20-1）

2. 主要特征

移动式四面单杠结构简单，牢固结实，使用率高；能够实现4～8人同时练习，大大提高了练习效率；学生

图20-1

可以根据自己的身高选择不同高度的单杠进行练习；可随时搬动，不受场地限制。

3. 适用范围

适用于中小学生进行上肢及核心力量练习。

（二）使用方法

1. 引体向上

学生两手分开约与肩同宽，正握单杠，身体成直臂悬垂姿势，两臂同时用力，向上引体，当下颌超过横杠上缘时为完成一次；也可以反握单杠进行练习，锻炼不同部位的肌肉力量。

2. 绕杠移动

学生两手正握或反握单杠，顺时针或逆时针绕四面单杠移动。在移动过程中，学生根据自身能力，两手可平移或交替移动。握力弱的学生可以戴防滑手套进行练习。

3. 上下移动

学生站在其中一面单杠前，两手先握住低杠，然后爬上高杠，再抓住低杠，反复进行，途中两脚不落地，锻炼臂力。能力强的学生也可以在此基础上，上下移动一次后，一只手反握杠，悬空转身，继续上下移动一次，如此交替进行。

4. 屈膝上举

学生两手正握或反握单杠，身体自然悬垂，两腿并拢，用腹部力量屈膝上举，让大腿尽量靠近胸腹，稍作停顿，然后两腿慢慢下放，回到悬垂状态。

5. 直腿上举

学生两手正握或反握单杠，身体自然悬垂，两腿并拢，上体保持正直，用腰腹力量直腿上举，尽量使两腿与地面保持平行，稍作停顿，然后两腿慢慢下放，回到悬垂状态。

6. 悬垂比赛

学生 4～8 人一组，同时直臂悬垂在单杠上，计时开始后，两脚碰单杠立柱或落地则淘汰，看谁悬挂的时间长。

（三）注意事项

（1）运动前要做好充分的准备活动，让身体各部位活动开。

（2）有条件者在上杠前可以戴防滑手套或用纱布沿着手掌包三层，这样既可以防滑，又可以提升握感。

（3）移动式四面单杠应放在平坦的场地，保证其四脚平稳受力。

二十一、纸砖

纸砖由硬纸板折叠而成，具有色彩鲜艳、轻便结实的特点，可用作体育课堂教学中的跳跃器材、器械操器材、标志物等。

（一）器材介绍

1. 器材构成

纸砖由硬纸板压制后折叠成型，每块尺寸为 $26cm \times 12cm \times 7cm$，重约 125g，有红、橙、黄、绿、灰等多种颜色。（图 21-1）

图 21-1

2. 主要特征

纸砖具有色彩鲜艳、轻便结实的特点，其内部采用结构式填充，平放于地面的纸砖承受一个成年人（约 75kg）的重量也不会变形。

3. 适用范围

适用于中小学生进行跳跃练习、操课练习或作标志物。

（二）使用方法

1. 跳跃练习

单次跳跃：将一块纸砖分别平放、侧立、直立，形成低、中、高三个高度，也可以将多块纸砖叠放（图21-2），满足不同的跳跃高度需求；还可以将多块纸砖并排立放，以形成适宜的跳跃远度。

图21-2

连续跳跃：按上述单一纸砖的摆放方法摆放多块纸砖，就可以进行连续跳跃练习。

2. 纸砖操

学生两手各持一块纸砖，可以模仿类似于木哑铃操的动作，纸砖相击时，发出"嘭嘭"的声音，既能吸引学生的注意力，又可以使学生知道动作的整齐度。

3. 踏石过河

用纸砖代替木砖或红砖，每人3块纸砖进行踏石过河接力赛，也可先将纸砖按一定间距排开，学生踩在纸砖上从一端走到另一端。

4. 作标志物

纸砖可作为标志物用于走、绕、跳、跨、运等练习，也可作为分界（点）线，还可作为投准练习的目标物。

5. 其他用法

纸砖可用于接力赛搭高、搭城堡、拼图形、拼文字、拼数字等，发挥学生的想象力与动手操作能力。

（三）注意事项

（1）纸砖要存放在阴凉干燥处。

（2）在使用纸砖时，避免将其放置在有水的地面上。

二十二、跳跳床

跳跳床由边框支架和床面构成，具有方便拆卸、搬运，坚固防滑等特点，可根据不同年龄的学生选用不同型号的跳跳床。跳跳床运动既有锻炼性又有趣味性，学生在运动时不会感觉枯燥，还可以锻炼腿部肌肉和协调、平衡能力。

（一）器材介绍

1. 器材构成

跳跳床由边框支架和床面构成（图 22-1），边框支架由金属制成，床面为圆形，由尼龙、PP 网布、牛津布或其他相近的材料制成，四周装有优质腰鼓弹簧。跳跳床高 21 ~ 40cm，直径 1 ~ 1.5m，承重 150 ~ 300kg。为了运动更安全，跳跳床还设计出了双边固定扶手款（图 22-2）。

图 22-1   图 22-2

2. 主要特征

跳跳床柔软有韧性，有安全扶手；折叠体积小，可快速拆装；多点支撑，稳定防滑。

3. 适用范围

适用于中小学生，主要作为跳跃的器材。

（二）使用方法

在跳跳床上可完成分腿跳、并腿跳、交替前点跳、左右并腿跳等各种跳跃动作，练习时要做好保护与帮助。

（三）拓展运用

1. 跪跳起

学生在进行跪跳起练习时，经常会因错误发力而无法掌握动作。利用跳跳床具有弹性的特点，学生跪在跳跳床上进行跪跳起练习，可以快速找到起跳的感觉。

2. 跳跃高台

用跳跳床作为高台，学生进行跳上跳下练习，发展下肢力量和协调性。

（四）注意事项

（1）在使用过程中，教师要向学生讲清练习时保护与帮助的方法，最好能够亲自实施保护。

（2）儿童居家使用，必须有成人陪伴，并熟知使用方法。

（3）每次使用前都要检查器材是否完整、牢固，以保证使用者的安全。

二十三、立定跳远测试垫

立定跳远测试垫的功能分区包括起跳区和落地区，起跳区和落地区之间设有起跳标志线，落地区标有远度可供成绩对照。该器材使用方便，测量精确，适合学生居家和体育课堂中练习立定跳远、测试立定跳远成绩。

（一）器材介绍

1. 器材构成

立定跳远测试垫的材质为橡胶或PVC，颜色大多为红、绿、蓝。垫子厚度为 3 ~ 5mm，其功能分区包括起跳区和落地区，起跳区上画有起跳标志线和脚印，落地区画有用于进行成绩对照的刻度线。（图 23-1）

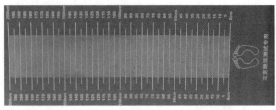

图 23-1

2. 主要特征

测试垫上有 50 ～ 320cm 的清晰刻度，可用于直观观察跳远成绩；测试垫上有防滑纹理，缓冲性好，能较好地保护练习者；测试垫具有一定的摩擦力，使用时不容易发生位移；测试垫不受场地限制，在平地铺开即可进行练习。

3. 适用范围

适用于中小学生练习立定跳远、测试立定跳远成绩。

（二）使用方法

学生站在立定跳远测试垫的起跳标志线后，两脚站在脚印位置（左右开立，与肩同宽），两臂以肩关节为轴进行预摆；起跳时两脚用力蹬地，同时两臂由后向前上方快速摆动，向前上方跳起腾空，并充分展体；落地时收腹举腿，小腿往前伸，同时两臂用力向后摆动，重心前移，屈膝缓冲。以离起跳标志线最近的着地点对应的刻度为测试成绩。

（三）拓展运用

1. 作跳跃练习垫

将立定跳远测试垫当作跳跃练习垫，学生在起跳标志线处单脚或双脚向前跳跃。

2. 作体操垫

将立定跳远测试垫当作仰卧起坐、瑜伽练习或者课后放松的体操垫。

3. 作障碍物

将立定跳远测试垫卷起，横放或纵放在跑道上作为向前跳跃的障碍物。

4. 作负重物

（1）合作搬运。

将立定跳远测试垫卷起，学生两人一组，从起点搬运到终点，看哪组速度最快。（图23-2）

图 23-2

（2）负重蹲起。

将立定跳远测试垫卷起，学生两手将其横向抱在胸前，原地做蹲起练习，加强腿部力量。（图23-3）

（3）负重走。

将立定跳远测试垫卷起，学生扛在肩上，从起点快走到终点（图23-4）。可以是接力的形式，也可以是折返的形式。

图23-3　　　　图23-4

5. 作轻型杠铃

将卷起的立定跳远测试垫当作轻型杠铃，学生进行上举（图23-5）、推举（图23-6）、弯举（图23-7）、蹲起（图23-8）等练习。

图23-5　　　　图23-6　　　　图23-7　　　　图23-8

6. 飞地毯

学生两人一组，一人站在立定跳远测试垫上作飞人，另一人拉住垫子的一端，当"飞人"向前上方跳起时，拉垫子的学生迅速将垫子往前拉，如此反复进行，"飞人"一直在垫子上面，直到通过规定的距离，看哪组用时最少。（图23-9）

图23-9

（四）注意事项

（1）若长期不用（如寒暑假），应将立定跳远测试垫清洗干净并晾干后，卷成圆柱放于室内。

（2）时间久了，起跳区会磨损严重，可以左右调整一下起跳位置，避免因起跳区磨损而影响起跳。

二十四、乒乓球训练器

乒乓球训练器是一种高度可调节，不受场地限制，可随时随地开展乒乓球击球练习的体育器材。

（一）器材介绍

1. 器材构成

乒乓球训练器由底座、可调节高度的刚性支撑杆、弹力支撑杆（软轴）以及专业的 ABS 乒乓球构成。（图24-1）

2. 主要特征

乒乓球训练器不受场地限制，单人即可进行乒乓球击球练习；底座稳固结实，与乒乓球连接的弹力支撑杆回弹快，可随意击打；安装方便，占地面积小，趣味性强。

3. 适用范围

适合中小学生在校或居家练习乒乓球技术动作。

图 24-1

（二）使用方法

1. 单人单球练习

学生根据身高调节刚性支撑杆的高度，进行单人乒乓球向前击球、旋球、扣球等正握、反握挥拍练习。

2.单人多球练习

将 2 ~ 3 个乒乓球训练器并排或呈弧形放置，学生单手握拍，依次完成击打，锻炼灵敏性、手脚协调性和反应能力。

3.单人左右开弓

将 2 ~ 3 个乒乓球训练器并排或呈弧形放置，学生双手握拍（左右手各握一个球拍），左右手交替完成击打（根据自身能力选择球数），锻炼球性和反应能力。

4.多人练习

2 ~ 4 人站在乒乓球训练器外围 1 ~ 2m 处，随机接球。

（三）拓展运用

1.迷你标志杆

乒乓球训练器高度为 50 ~ 120cm，加上一个稳固的底座，可以作为迷你标志杆用于体育教学或比赛中。

2.旋转球演示器

在乒乓球训练器的乒乓球球面上画出上旋球、下旋球、左旋球、右旋球、顺旋球、逆旋球等常见旋转球箭头图示，用于讲解演示相应旋转球的原理和旋转方向。

3.迷你拳击靶

利用弹力支撑杆可任意弯曲、回弹稳定的特点，乒乓球训练器可作为迷你拳击靶，练习时快速、准确地用拳头击打乒乓球。

（四）注意事项

（1）将刚性支撑杆插入底座时一定要插紧，否则容易脱出。弹力支撑杆上安装的乒乓球有特制接口，可以用胶水加固。乒乓球训练器安装完成后一定要检查确认其是否牢固。

（2）乒乓球训练器的支撑杆较细，教师要提醒学生规范使用，不可拔杆、折杆等。

二十五、乒乓球反弹板

乒乓球反弹板由反弹板和支架构成，结构简单，使用方便，器材新颖，用途多样，无须他人陪练。

（一）器材介绍

1.器材构成

乒乓球反弹板有桌面式和落地式两种，都由反弹板和支架构成。反弹板的板面由高密度板或高弹纯实木板制成，表面贴有若干块专业乒乓球胶皮。桌面式反弹板直接放于乒乓球桌面上使用；落地式反弹板地面到顶部高度可调节，最高可调至50cm左右。（图25-1）

图 25-1

2.主要特征

（1）桌面式反弹板放置在离球网较近的地方时，难度相对较低。也可以将反弹板后仰放置于网前，用于练习正反手搓球。

（2）落地式反弹板放置在球台后侧，可随意调整距离，更加适合练习正反手连续拉球技术。

3.适用范围

适用于各个年龄段的学生，主要用于乒乓球的正反手搓球、攻球、连续拉冲技术练习和各种步伐练习。

（二）使用方法

1.正反手搓球练习

将桌面式反弹板放置在离球网较近的地方，板面后仰，学生可以进行正反手搓球练习，提高搓球技术。

2. 正反手连续拉冲技术练习

将落地式反弹板放置在离球台稍远的一侧，板面前仰，学生可以进行正反手连续拉冲技术练习。

（三）注意事项

使用时，要调整好反弹板的角度，避免练习时乒乓球乱弹。

二十六、投篮机

投篮机在许多电玩城中可以见到，将其运用在体育教学中可以激发学生对篮球的兴趣，提升学生的投篮技术。

（一）器材介绍

1. 器材构成

投篮机的款式多样，有简易版（图26-1）和升级版（图26-2），从功能上大体可分为单机型和多机联网对战型，从产品结构上可分为组合型、折叠型、双人组合型、家用型、儿童型等。投篮机大体由机体支撑架、篮板、篮筐、若干篮球和显示器构成。

图 26-1　　　　图 26-2

2. 主要特征

简易版投篮机有单人款和双人款，可带计分器或不带计分器，一般结构简单，便于拆装，骨架稳定，不占过多空间。

升级版投篮机一般具备 4～8 关的游戏设定，可自行设置过关数、智能语音等，机体外壳为钢材，耐用稳定；机器底部安装滑轮，移动方便；篮筐两侧有网板遮挡，篮球数量多，可提升投篮效率；启动后篮筐左右移动，可锻炼投篮者的反应能力和投篮准度。该设备操作简单，容易上手，寓动于乐。

3. 适用范围

适用于各个年龄段的学生进行投篮游戏和练习。

（二）使用方法

1. 单机型

投篮机启动后，挡球板会下放让篮球滚落下来，供学生投篮。同时，篮板一侧的显示器会进行倒计时。学生在规定时间内快速投篮，篮板上的另一侧显示器会累计得分，当时间结束时，挡球板又会升起，停止供球，并于显示屏上显示最终成绩。

2. 多机联网对战型

可同时供多人分组比赛，多台投篮机同时联机比赛，只要有一人过关，同组其他人即可过关。

（三）拓展运用

1. 定点投篮

把投篮机作为固定篮球架，每人每次10个球进行固定距离（由近至远）投篮，锻炼投篮准度。

2. 移动投篮

启动投篮机，篮筐左右移动，锻炼投篮者的反应能力和投篮准度。

3. 动作迁移

学生距离投篮机一定距离，把篮球当作实心球，练习双手头上前抛实心球的动作。

4. 百炮争鸣

学生分成若干组，每组4～6人，人手一球，在规定时间内看哪组投中的次数最多。

（四）注意事项

（1）在使用投篮机时，投篮机上方一定要有足够的高度，避免投篮时出现安全事故。

（2）投篮机在不用时应及时切断电源。

二十七、网球训练器

网球训练器是在网球球体上固定一个弹性橡皮筋，弹性橡皮筋的另一端连接一个底座或绑在固定物体上，球被打出后可自动回弹，练习者无须找人陪练，可进行单人练习。该器材不受场地限制，无须球网，极大地提高了网球训练的效率，增强了学生的运动兴趣。

（一）器材介绍

1. 器材构成

网球训练器由化纤针刺毛及天然橡胶内胆制成，重量为 56～68g，球体上会固定一个弹性橡皮筋（图27-1），有的还带有底座，即弹性橡皮筋的一端系在内置线孔上，另一端连接在 PVC 材质的底座上（图27-2）。

图 27-1   图 27-2

2. 主要特征

网球训练器方便携带，练习时不用捡球，球被打出后可自动回弹，可以连续击打，无须找人陪练，而且不受场地限制，也不需要球网，可实现单人打球。

3. 适用范围

适用于中小学生进行网球的辅助练习。

（二）使用方法

1. 有底座装置

先将底座灌满沙子或水，增加底座的重量，放在地上起固定作用。然后把连接网球的弹性橡皮筋绑在侧端的塑料孔上，弹性橡皮筋的长度可以根据个人能力调节。安装完成后，便可进行单人网球练习，击球时稍往上打，防止球被弹性橡皮筋拉回地面。

2. 无底座装置

先将连接网球的弹性橡皮筋远端绑在可以固定的物体上，如哑铃、壶铃、单杠立柱底部、排球网架底部、运动场防护网、篮球架底部等，安装完成后便可开始练习。

（三）拓展运用

1. 打网球

实现网球的原始功能：将网球上的弹性橡皮筋解掉，学生直接进行网球对打或双打练习。

2. 掷垒球

网球与垒球大小、质量相近，学生根据个人投掷力量调节网球上弹性橡皮筋的长度，进行单人垒球投掷练习，节省捡球所消耗的时间和体力；也可以将网球上的弹性橡皮筋解掉，进行多人面对面的垒球投掷练习。

3. 脚颠球练习

学生一手握住弹性橡皮筋适当位置，使网球落于脚面或大腿正面，进行单脚连续颠球、左右脚交替颠球、大腿颠球等练习。

4. 摸高练习

将网球系在篮筐上，学生进行跳跃摸高练习，提高弹跳能力。

5. 头顶球练习

将网球系在一定高度的横杆上，学生用前额触网球，模拟足球头顶球的练习。

6. 溜溜球练习

学生将弹性橡皮筋系在右手腕上，网球与手之间的弹性橡皮筋长约 80cm，然后右手抓握网球，开始向下用力将网球抛出，利用弹性橡皮筋收缩的力量，顺势将弹回的网球接于手中。同样，可以用左手练习，也可以向上、前、左、右等各个方向进行抛接练习。

（四）注意事项

应在平坦防滑的地面使用，避免滑倒受伤。

二十八、羽毛球训练器

羽毛球训练器的球被打出后可自动回弹，无须找人陪练，即可实现单人打球。该器材不受场地限制，无须球网，极大地提高了羽毛球练习的效率，提升了学生的运动兴趣。

（一）器材介绍

1. 器材构成

羽毛球训练器由底座、连接器、伸缩玻璃钢杆、弹力线和羽毛球构成。（图 28-1）

2. 主要特征

羽毛球训练器组装方便，使用简单，不受场地限制，角度可任意调节，羽毛球飞行稳定，自动回弹，不用捡球，无须找人陪练，也不需要球网，可实现单人打球。

3. 适用范围

适用于中小学生进行羽毛球的辅助练习。

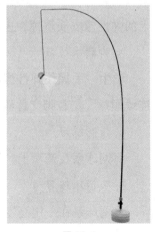

图 28-1

（二）使用方法

1. 挥拍练习

将底座灌满沙子或水，增加底座的重量，放在地上起固定作用。连接羽毛球的伸缩玻璃钢杆和弹力线，可根据练习需求调节高度及长度。羽毛球训练器能够有效地帮助学生练习挥拍动作，有助于初学者挥拍动作的定型，省时省力，练习高效。

2. 反应练习

羽毛球与弹力线连接，回弹方向不定，能够锻炼学生的反应能力。

（三）拓展运用

1. 打羽毛球

实现羽毛球的原始功能：将羽毛球上的弹力线解开，学生直接进行羽毛球对打或双打练习。

2. 摸高练习

将伸缩玻璃钢杆拉长，弹力线收短，使羽毛球挂在空中，学生进行跳跃手触球或头触球等摸高练习，提高弹跳能力。

3. 辅助跳远教学

在蹲踞式或挺身式跳远教学中，为解决学生起跳腾空不够的问题，教师可以利用羽毛球训练器，调节好高度，让学生起跳腾空时头尽量触碰到悬挂的羽毛球。

（四）注意事项

（1）应在平坦防滑的地面使用，避免滑倒受伤。

（2）适宜在无风或微风条件下练习，室内场地更佳。

二十九、瑜伽垫

瑜伽垫通常由 PVC、NBR（丁腈橡胶）、TPE、天然橡胶、PU 等材料制成，其表面颗粒均匀，气泡饱满，手感柔软，无毒无味，耐磨防滑，回弹能力强，具有很强的抗撕拉能力。瑜伽垫不仅可以用于健身运动，还适合儿童玩耍，或作为野外露营的垫子使用。

（一）器材介绍

图 29-1

1. 器材构成

瑜伽垫通常由 PVC、NBR、TPE、天然橡胶、PU 等材料制成。（图 29-1）

2. 主要特征

瑜伽垫手感柔软，无毒无味，耐磨防滑，回弹能力强，抗撕拉，抓地力强，亲肤性强。

3. 适用范围

适用于各个年龄段的人群。

（二）使用方法

1. 瑜伽运动

学生可以在瑜伽垫上做各种瑜伽动作。（图 29-2、图 29-3）

2. 身体素质练习

学生可以在瑜伽垫上做身体素质练习，如伏地挺身、仰卧起坐、平板支撑、高抬腿（图 29-4）、横叉（图 29-5）等。

图 29-2　　　　　　图 29-3

图 29-4　　　　　　图 29-5

（三）拓展运用

1. 减震缓冲

学生在进行各种跳跃练习时，如跳绳时，坚硬的地面往往会对其膝关节产生间接冲击，在瑜伽垫上跳绳（图29-6），不仅可以起到减震缓冲的作用，还可以在居家运动时起到降低噪声的作用。

图 29-6

2. 作标志物

将瑜伽垫卷起立于地面，代替标志杆，学生进行足球（篮球）绕杆或者射门等练习。

（四）注意事项

瑜伽垫应存放于阴凉干燥处，避免阳光照射，否则容易损坏。

三十、平面标志碟

平面标志碟具有韧性好、色彩亮丽、轻便柔软、防滑的特点，可作为体育教学训练中定点、定位的标志物。

（一）器材介绍

1. 器材构成

平面标志碟由天然PVC颗粒制作而成，造型以圆形为主，直径有18cm、23cm、30cm等不同规格，重为120～180g，有红、黄、蓝、绿等多种颜色。（图30-1）

图 30-1

2. 主要特征

平面标志碟韧性好，结实耐用，色彩亮丽，轻便柔软，容易摆放与携带。

3. 适用范围

适用于中小学体育课堂教学及训练。

（二）使用方法

1. 球类教学

平面标志碟可用于球类步伐练习，学生在指定的平面标志碟之间来回移动；可作为初学篮球三步上篮、排球扣球的步伐标志点，足球原地踢球模仿的步点位置；也可用于标示篮球运球练习点、足球发球定点等。

2. 队形站位

利用平面标志碟的可移动性，可根据课堂教学需要在规划好的学生站位点上分别摆放平面标志碟，使之呈现如"一"字形、圆形、扇形、三角形等图形，学生只要往平面标志碟上一站就可以形成指定的队形；也可以根据教学需要随时移动平面标志碟。

3. 田径教学

平面标志碟可用于标示田径教学中各种跑、跳、投练习的起始、起跳位置，可根据需要摆放成不同的间距来练习步频步长和跳跃远度；可将若干平面标志碟按一定距离摆放成横向、纵向、"Z"字形、星形等，安排各种折返跑或跳跃练习，也可摆成"田"字形进行十字跳练习。

4. 游戏练习

在体育游戏中，平面标志碟的使用频率是较高的，既能作为标志物，也能作为道具。利用平面标志碟颜色多的特点，教师可按平面标志碟颜色或上面的数字对学生进行分组，激发学生参与游戏的兴趣。

（三）注意事项

存放时避免高温，以免平面标志碟因软化而相互粘连。

三十一、战术板

战术板主要用于篮球、排球、足球比赛，是球队主教练常使用的一种平面显示塑料板，它的上面画着微缩仿真的球场图形，市面上主要有铝合金战术板和折叠包战术板。战术板具有使用方便，易携带，便于战术指导、技术交流等特点。

（一）器材介绍

1. 器材构成

战术板主要有铝合金战术板和折叠包战术板两种款式，均可用水笔在板面上画战术图，也可用强力磁石棋子摆放战术图。水笔痕迹可擦拭；棋子由强力磁石制成，吸附力强，不会轻易掉落。图 31-1 为足球棋子，图 31-2 为篮球棋子，图31-3 为排球棋子。

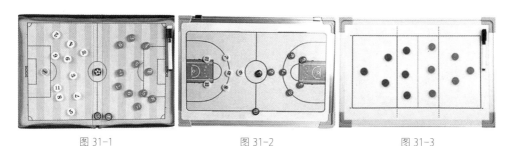

图 31-1　　　　　　　　图 31-2　　　　　　　　图 31-3

2. 主要特征

铝合金战术板采用铝合金边框，精美大气，塑料包角可防止磕碰，金属挂钩可移动，使用方便。折叠包战术板采用优质 PU 材料，手感柔软厚实，带拉链，携带方便，占用空间小，内部采用多功能设计，实用性强。

3.适用范围

适用于足球、篮球、排球等比赛战术布置、训练与教学指导以及技术交流等。

（二）使用方法

战术板主要用于篮球、排球、足球比赛，不同的球类项目战术板上分别画着相应的微缩仿真球场图形。为了使队员能够更直观地了解战术布置和安排，每次比赛进入暂停时，主教练基本上会拿着战术板，用水笔在上面画出战术布置，以便队员可以看清楚自己的跑位和战术线路，用完之后还可以用板擦擦除。主教练也可用强力磁石制成的棋子表示战术意图。

（三）注意事项

（1）不用时，棋子要合理收纳，避免掉落。

（2）若用水笔在战术板上布置战术，用后要及时擦除干净，保持板面整洁美观。

第二部分　运动项目类

三十二、轮滑

轮滑运动是穿着带滚轮的特制鞋在场地上滑行的运动，它由滑冰发展而来，因此也称为"旱冰"。轮滑装备主要有轮滑鞋和护具，其中轮滑鞋主要分为单排轮和双排轮两种。轮滑运动的展现形式十分炫酷，深受学生喜爱。学生在运动中不仅能够尽情释放压力、放松情绪，还能达到强身健体的目的。

（一）器材介绍

1. 器材构成

轮滑装备主要有轮滑鞋和护具。轮滑鞋由鞋身、绑缚系统、刀架、轮子、轴承和刹车构成；护具包括头盔、护肘、护手和护膝。护具外侧一般是 ABS 一体成型塑钢外壳，头盔里面还有约 15cm 厚的高密度 EPS（可发性聚苯乙烯）坚硬发泡内胆。常见的青少年轮滑鞋一般有加厚加强的刀架、直径 68 ~ 75cm 的高弹耐磨 PU 轮、碳钢轴承和一体硬式鞋壳等（图 32-1）。

图 32-1

2. 主要特征

轮滑装备便于携带，其中轮滑鞋方便穿脱、易于保存，护具具有较好的保护功能，可以有效防止学生，尤其是初学者，在练习中受伤。轮滑运动技术容易掌握，中小学生可以很快获得练习的乐趣。

3. 适用范围

适用于有一定的身体协调性和灵活性的中小学生。

（二）使用方法

1. 竞速练习

学生在规定场地内进行轮滑竞速，以到达终点用时长短决定名次，也可以采用竞速接力、往返接力或迎面接力的形式。（图32-2）

图32-2

2. 障碍练习

在规定场地内设置不同难度的各种障碍，学生按要求通过障碍用时最短的获胜，也可以采用接力的形式。（图32-3）

3. 技巧练习

学生在规定场地内做出相应的技巧动作，教师通过观察技巧动作的稳定性、舒展度、完成度

图32-3

等给予评分。该练习更强调技巧性，需要学生有扎实的轮滑基础。

（三）注意事项

（1）在轮滑运动中，无论技术能力如何，学生均须佩戴护具，保护身体各部位，以免受到伤害。

（2）轮滑运动是释放个性的项目，但在技术不熟练时不能随意尝试一些高难度的动作，否则容易受伤。

三十三、趣味高尔夫

高尔夫运动是利用不同的杆将高尔夫球打进球洞的运动，这项运动可以使人在优美的自然环境中锻炼身体、陶冶情操、修身养性、交流技巧，被誉为"时尚优雅的运动"。趣味高尔夫是高尔夫运动的简化版，将场地、器材都进行了简化，更适合中小学生练习。

（一）器材介绍

1. 器材构成

趣味高尔夫器材主要包括高尔夫球杆、高尔夫球、推杆练习器或高尔夫练习网。高尔夫球杆由杆头、杆身、握把构成，按照球杆的不同用途，设计成不同杆头形状，常见的有木杆、铁杆和推杆。高尔夫球直径约 42.67mm，重 46g，表面布满了 150 个半径 2mm 的凹坑。推杆练习器（图 33-1）是一个长约 3m，可自动回球的仿真球道；高尔夫练习网由一块长和宽均为 1m 的打击垫和一个宽约 2m、高约 1.5m 且中间带有圆形靶心的网构成。

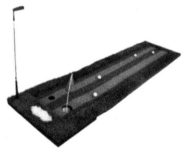

图 33-1

2. 主要特征

趣味高尔夫球杆的杆头采用的是合金材质，耐磨耐用，减震效果好；杆身一般采用碳素材料，韧性牢固，抗震性好，不易折断；握把采用橡胶材质，摩擦系数较高，不易脱手。

3. 适用范围

适用于中小学生熟悉高尔夫运动，初步学习高尔夫技术。

（二）使用方法

1. 推杆入洞

将推杆练习器按照正确的方法安装好，利用推杆练习器可以练习近距离（3～4m）的直线推杆技术，球的摆放按照由近到远的原则，选择适合的点放置好，再挑选适合长度的推杆以正确的姿势推球入洞，最终以进入球洞所用杆数的多少判定成绩。（图 33-2）

图 33-2

2. 挥杆打准

先将打击垫和练习网安装好，将高尔夫球放在打击垫的球托上，选择适合的球杆，正确挥杆将球击打在练习网的靶子上，以距离靶心的远近判定成绩。在练习的过程中击球点的位置应该由近到远，力度应由小到大，击打的高尔夫球可以先用海绵球练习，到达一定准度后再用标准球。

（三）注意事项

（1）由于高尔夫球杆为金属杆，硬度比较大，在练习的过程中学生周边不要站人，以免误伤。

（2）在挥杆练习的时候，一定要按照步骤进行，特别是用大力度和标准球的情况下，万一球没有进入球网，易对人员和物品造成伤害。

（3）推杆练习器和打击垫等物品在潮湿的环境下特别容易发霉、变形、损坏，因此器材需要保存在干燥环境中。

三十四、匹克球

匹克球由匹克球体和匹克球拍构成。匹克球运动具有简单、易于操作、受众面广、器材新颖、趣味性强等特点，是一项集合了羽毛球场地、乒乓球拍、网球的运动，能有效调动学生参与练习的积极性，在锻炼学生身心的同时培养学生的团队意识。

（一）器材介绍

1. 器材构成

匹克球由匹克球体和匹克球拍构成（图 34-1）。匹克球体的大小如网球，为硬塑料制成的薄壳中空球，球体周身布满多个直径约 1cm 的圆孔，球体直径通常为 73 ~ 75.5mm，重量为 22 ~ 26.5g；匹克球拍的形状类似乒乓球拍，长度不超过 43.5cm，拍面的厚度和弹性没有要求，最初是木制，如今使用较轻的玻璃纤维、EVA（乙烯 – 乙酸乙烯酯共聚物）、PE、蜂窝纸和碳纤维板等多种材质。

图 34-1

2. 主要特征

匹克球运动设施简单，对场地要求不高，可操作性强；简单易学，不需要太多的专业技能；器材新颖有趣，具有较强的娱乐性和健身性。

3. 适用范围

由于简单易学，可操作性强，不需要过多的专业技能等特点，匹克球运动适用于各个年龄段的人群，特别是中小学生，能够让中小学生熟悉羽毛球、乒乓球、网球三个项目的运动特点。

（二）使用方法

匹克球运动的方法和规则可参照羽毛球运动：在球未落地时将球击打过网。

（三）拓展运用

1. 板上生花

学生用匹克球拍原地颠匹克球体，在规定时间内比颠球的个数；或在一定距离内进行行进间颠球，比颠球的稳定性。

2. 百发百中

学生用匹克球拍击打匹克球体，使球落入一定距离外的圆桶，可根据规定球数或规定时间内进球的个数判定输赢。

（四）注意事项

匹克球体是镂空造型，在使用时遇有风天气可能会造成匹克球体飞行不稳定，建议在室内或者无风的地方进行练习。

三十五、攀岩墙

攀岩运动要求人们在各种高度及角度的岩壁上，连续完成转身、引体向上、腾挪甚至跳跃等惊险动作，攀岩运动集健身、娱乐、竞技于一身，被称为"峭壁上的芭蕾"。攀岩墙有自然岩壁墙和人工攀岩墙两种，这里主要介绍人工攀岩墙，由岩壁和岩点构成，供攀岩训练和攀岩比赛使用。

（一）器材介绍

1. 器材构成

攀岩墙（图 35-1）由岩壁和岩点构成，岩壁由玻璃钢制成，岩点由环保塑料制成，可以根据需要定制尺寸。

图 35-1

2. 主要特征

人工攀岩墙不可预见因素少，安全性较高，可以进行定期训练或专项训练，省时省力。

3. 适用范围

适用于具有一定力量基础的中小学生。

（二）使用方法

1. 爬高练习

在做好安全保护措施的前提下，学生依次攀爬，达到规定高度后缓慢下降至

地面。（图35-2）

2. 横爬练习

在做好安全保护措施的前提下，学生在低攀岩墙上进行横向爬行。（图35-3）

图35-2   图35-3

3. 速度比赛

在做好安全保护措施的前提下，学生依次攀爬，比一比达到规定高度或远度的用时，用时少者获胜。

（三）注意事项

（1）攀岩前，学生一定要加强安全知识学习，学会各种攀岩器械的操作步骤，确保掌握各种突发情况的处理方法。

（2）保护帮助人员一定要做好保护工作，熟练掌握各种突发情况的处理方法。

三十六、板羽球

板羽球是一项结合乒乓球和羽毛球运动特点的球类运动，以木板拍击羽球进行隔网对抗，规则类似羽毛球，极具趣味性。板羽球球场长12m，宽4.5～6.5m，网柱高1.65m；球拍为木制，长35cm，拍面宽17cm；羽球由三根彩色的羽毛插在橡皮托上或圆状木托上制成，能承受一般风力，可在室外开展。

（一）器材介绍

1. 器材构成

板羽球包括球拍和羽球。球拍为木制，长
35cm，拍面宽 17cm，形状和乒乓球拍相似，但
略大于乒乓球拍。拍面有各种颜色和图案，拍柄
可根据需要套上海绵，以便于握拿。羽球由三根
彩色的羽毛插在橡皮托上或圆状木托上制成。
（图 36-1）

图 36-1

2. 主要特征

球拍颜色鲜艳，面积较大，易接球；羽球色彩多样，轻便结实，橡皮托具有
一定重量，能承受一般风力，可在室外开展；板羽球技术动作简单，容易上手；
练习时也可不设隔网，因此基本不受场地限制。

3. 适用范围

适用于中小学生。

（二）使用方法

1. 握拍姿势

中指、无名指、小指弯曲握拍，拇指靠在中指旁，食指斜于拍子背面，虎口
轻微贴于拍，类似于乒乓球横拍的握法。

2. 对打

隔网对打，规则与羽毛球相似，在球未落地时接球过网。比赛方法与羽毛
球相似，分单打和双打项目，男子为五局三胜，女子为三局二胜，单打项目每
局 15 分，双打项目每局 21 分。

（三）拓展运用

1. 颠球比多

多人一组，每组围成圈，间距适当，每人一个板羽球拍和一个羽球。发令后，所有人同时在原地将球用拍子向上颠，规定时间内颠球次数最多者胜。

2. 颠球接力

多人一组，一组一跑道，跑道长 10 ~ 20m，每组第一人边走边颠球到终点，再颠球返回到起点，将球交给下一人，依次进行，直到小组最后一人完成，用时最少的小组胜。

3. 简易乒乓球练习

可利用板羽球拍进行乒乓球趣味对打练习。对于乒乓球初学者来说，板羽球拍拍面大、易接球，对培养其对乒乓球的兴趣有一定的帮助。

4. 投掷练习

可利用板羽球进行各种掷远、掷准等练习。

（四）注意事项

（1）球拍为木制，不要用球拍互击或打人。

（2）球拍应存放于阴凉干燥、通风良好的物架上，上方不可压重物。

三十七、滑板

滑板是极限运动，也是冲浪运动在陆地上的延伸。滑滑板时人体主要利用腰部、臀部、双脚扭动和手的摆动来驱动滑板前进，极具挑战性、观赏性和趣味性。

（一）器材介绍

1.器材构成

滑板（图 37-1）主要由板面、支架、轮子、缓冲垫、轴承等部件构成。滑板可分为玩具板和专业板。玩具板是指仅供滑行的滑板，适合初学者；专业板可以做很多高难度动作以及各种花样动作。滑板的板面一般由 5 层、7 层或 9 层的木板高压制成。板面有光板和图案板两种，图案板设计精美，学生可选择自己喜爱的图案，甚至可以自己涂鸦凸显个性。轮子的一般直径为 52 ～ 56mm；轴承一般用 ABEC 系数来表达快慢，分别有 ABEC1、ABEC3、ABEC5 和 ABEC7 等多个等级，在光滑的地面上练习，可以选择 ABEC1 或 ABEC3 的轴承，在比较粗糙的地面上练习，最好选用 ABEC3 以上的轴承。

图 37-1

2.主要特征

滑板轻便易携带，滑滑板时人主要利用腰部、臀部、双脚扭动和手的摆动来驱动滑板前进，从而可以提高身体柔软度和平衡感。

3.适用范围

适用于身体灵敏、平衡能力较好的中小学生。

（二）使用方法

1.玩具板

选择平坦的滑行场地，在滑行时戴上护肘、护腕、护膝、头盔等护具，借助单脚蹬地的力量使滑板向前滑行。

（1）站法练习。

战法有正向站法和反向站法两种。正向站法是左脚在前，脚尖向右；反向站法是右脚在前，脚尖向左。大多数人玩滑板时采用的是正向站法。

（2）上滑板练习。

两脚站立，滑板平放于脚前的地上，先把一只脚放在滑板的前端，另一只脚仍踩在地上，身体重心移到已上板的脚上，上体微微前倾，膝关节弯曲，两臂伸展，保持平衡。踩地脚轻轻蹬地，然后收到滑板上，放在滑板的后部，此时身体和滑板开始向前滑动。

（3）下滑板练习。

当滑板没有完全停下来，还在向前滑行时，将重心放在前脚上然后像起落架一样把后脚放在地上，重心随即转移到后脚，然后抬起前脚，让两脚都落在滑板的一侧。当能自如地上、下滑板时，可以前后脚交换，尝试反向滑行的姿势。

（4）惯性滑行练习。

右脚踏在滑板的中前部靠右的位置，左脚踩在地上，重心放在右脚上。然后左脚蹬地，使滑板向前滑动，再把左脚收上来踩在滑板尾部，保持身体平衡。滑行一段距离后，用左脚蹬地，重复动作。滑行距离由短到长，循序渐进。

2. 专业板

专业板的使用应建立在熟练掌握玩具板使用技巧的基础上，在上坡、下坡或弧面上滑行，让脚下的滑板与两脚"融合"，并在滑行过程中加入一些有难度的技巧动作以提高观赏性。这些有难度的技巧动作主要有障碍滑、下坡滑、转圈技巧、下坎技巧、上坎技巧、反转技巧、360°旋转技巧、单轮旋转技巧、翘板技巧、180°翘停技巧、脚上技巧、旋转跳技巧、跨越跳技巧、人与板分开的上跳、人带板的上跳、带板摩擦技巧等。

（三）拓展运用

1. 模拟滑雪

学生站立在滑板上，降低重心，两手持体操棒撑地，模拟滑雪运动，向前滑

行。动作熟练之后可以进行单人或团体滑雪竞速游戏。（图37-2）

2. 模拟雪车

学生在滑板上采用跪姿或卧姿，控制好重心，保持身体平衡，用两手或手杖撑地前行，模拟雪车运动。（图37-3）

图37-2

图37-3

3. 旱地龙舟

在熟练掌握了雪车运动技巧的基础上，根据学生水平的高低进行分组，每组3～5个滑板连接在一起，组合成龙舟，学生坐在龙舟上，使用手杖齐心协力向前滑行。

（四）注意事项

（1）由于滑板灵活性高、滑行速度快，学生在学练时一定要戴好护具，做好保护措施，避免意外受伤。

（2）教师应提醒学生在练习前充分活动各关节和肌肉，练习时注意降低重心，保持身体平衡。

三十八、旱地冰壶

旱地冰壶是冬季奥运会项目冰壶的"普及版"，其装备和规则与冰壶相似，只不过旱地冰壶的球体更轻，下方增设了3个滑轮用于地面滑行。旱地冰壶突破了场地限制，是一项需要团队协作配合、集体力和智力于一身的运动项目，将其运用在体育教学中能够培养学生的合作能力和应变能力，锻炼学生的柔韧性和对力量的控制能力。

（一）器材介绍

1. 器材构成

旱地冰壶器材包括旱地冰壶、旱地冰壶鞋、赛道刷、推杆、清洁套装、便携式拉杆包等。旱地冰壶壶身为饼形，颜色多样，直径约20cm，重量约1.6kg，底部有3个滑轮。一场比赛需使用旱地冰壶16个，每队8个壶。赛道尺寸有1.8m×10m、2m×13m等多种规格。（图38-1）

图38-1

2. 主要特征

旱地冰壶只要场地平整光滑就可开展，室内外均可开展相关教学、训练、比赛，不受场地和季节影响，规则简单，操作性、趣味性强，易于学习和掌握。

3. 适用范围

适用于各个年龄段的人群，特别是中小学生。

（二）使用方法

每场旱地冰壶比赛由两支球队对抗，每队8名队员。每局每名队员可以投掷1次，共投16次，每场比赛打5局。每队投掷队员力求将冰壶滑向大本营中心，也可将对方的冰壶撞出该区域，或将本方冰壶撞向大本营中心。所有冰壶投掷结束后，每只停在大本营最大圆圈内或压在圆圈上，且比任意对手的冰壶都靠近大本营中心的冰壶得1分，积分多者获胜。

（三）注意事项

开展旱地冰壶活动时，地面需要保持平整光滑，注意清理赛道上的障碍物，以保证冰壶能正常行进。

三十九、旱地冰球

旱地冰球是由地板曲棍球和冰球运动演变而来的运动项目，运动员需要穿轮滑鞋，戴头盔、手套、护胸、护腿等护具，手持球杆，在木质、水泥、柏油或者是塑胶等材质的场地上进行运动。它是一项门槛低、趣味性强的运动项目，学生通过参与该项目，不仅能强身健体，还能加强团队协作意识。旱地冰球具有简单易学、不受场地限制、不受性别和年龄约束的特点。

（一）器材介绍

1. 器材构成

旱地冰球的球杆一般由木质或碳纤维材质制成，有儿童款、青年款和成人款等规格，杆身长 75 ~ 120cm，重 230 ~ 550g。旱地冰球的拍头由 ABS 和玻纤混合物制成，有香蕉状拍头（图 39-1）、L 形拍头、爪形拍头、篮兜状拍头

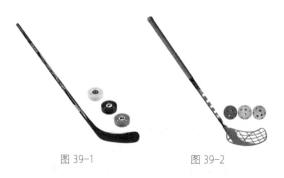

图 39-1　　　　　　图 39-2

（图 39-2）等样式。旱冰球一般用硬橡胶制成，有扁圆形和球形两种：扁圆形旱冰球适用于硬地（地板、塑胶、水泥地等），球形旱冰球适用于草地、沙地和硬地。

2. 主要特征

旱地冰球的球杆长度可自行选择，旱冰球颜色丰富鲜艳。旱地冰球不受场

地限制，无论是室内还是室外场地都可以进行，安全性高，简单易学，趣味性十足。

3. 适用范围

适用于各个年龄段的人群，特别是中小学生。

（二）使用方法

旱地冰球是在室内或室外都可以进行的项目，比赛场地与手球场或室内五人制足球场类似，比赛时用球杆控制球并将其打入对方的球门得分，它是一项集体力、脑力、运动技能、比赛理解、团队合作和交际能力于一体的团队运动项目。（图 39-3）

图 39-3

（三）拓展运用

1. 颠球练习

根据左右侧持杆的习惯确定握球杆的手位，以左侧持杆为例，右手握球杆末端，左手握住离右手两拳距离的球杆中段，也可以根据个人握球杆的舒适度确定左手握杆位置。然后用球拍窄的一面进行颠球，可以先原地颠球，再进行行进间颠球。

2. 拨球练习

用球拍的正反面左右拨球，把球控制在自己可控的范围内，用球拍带球向左转 360°，再向右转 360°，反复练习。

3. 传接球练习

两人相距 3 ～ 10m，保持身体平衡，传球者在击球时球和球拍的距离要短，击球后，球拍正面的方向朝向传球的方向，整个过程抬头、看球场；接球者将球拍接触地面，接球时动作要柔和、有弹性。当动作熟练后，可进行两人带球传接球、带球过杆、行进间带球射门等练习。

4. 拨球接力

利用球杆进行拨球接力赛，可以用不同大小的球进行比赛，如垒球、网球、乒乓球、小排球、小篮球等，还可以增加障碍物，提升趣味性。

5. 托球接力

利用球杆的拍面托住旱冰球进行接力比赛。

6. 传准比赛

在距离起点线 3 ~ 10m 处，画一个大的圆形靶，每人站在起点线后用球杆将球向前拨出，球最终落点即得分区，得分最高者获胜。

（四）注意事项

在练习时不可随意大力击球，尽量在空旷区域进行，避免出现伤人等情况。

四十、旱地滑轮

旱地滑轮，又称旱地滑雪、旱地轮式滑雪、旱地越野滑雪等，其运动技术与越野滑雪技术相似。由于轮子是橡胶轮，阻力比较大，因此滑行时体力消耗较大，对腿部、臂部及背部肌肉都有较好的锻炼效果。另外，旱地滑轮基本不受场地、环境、时节影响，所需装备成本相对较低，有利于在校园中普及。

（一）器材介绍

1. 器材构成

旱地滑轮由滑轮（图 40-1）和雪杖（图 40-2）构成，主要有传统式、大众式和自由式旱地滑轮。其滑轮架体一般由铝合金制成；轴距为 540 ~ 710mm；轮子的材质一般为橡胶，直径 75 ~ 150mm，轮宽 24 ~ 45mm 不等。雪杖与越野滑雪的雪杖相似，其头部顶端是一块锋利的金属物，异常坚硬。

图 40-1　　　　　　　　　图 40-2

2. 主要特征

旱地滑轮不仅可以在光滑的柏油路等平滑场地上滑行，还可以像山地车那样滑行于山地沙石路面上，不受场地限制，而且刹车技术简单，易于掌握。

3. 适用范围

适用于各个年龄段的人群，特别是中小学生。

（二）使用方法

学生先穿戴旱地滑轮装备，包括系鞋带、调整滑轮和保护装备，然后学习站立姿势和平衡技巧，掌握正确弯曲膝关节、保持身体平衡、分散重心等技巧。初学者一般应选择传统式技术进行学练，主要有两步交替滑行技术、同时推进滑行技术、跨一步同时推进技术等。

（三）注意事项

（1）旱地滑轮要在空旷的平地进行，不可在马路等危险区域进行，以免发生安全事故。

（2）在运动之前先要进行热身运动，避免运动中发生扭伤。

四十一、滑板车

滑板车不仅外观时尚，操作难度低，而且便于携带。市面上滑板车的样式有多种，包括成人代步滑板车、大童款滑板车、儿童蛙式滑板车、可坐可骑滑板车等。滑板车运动不仅能发展学生的平衡性、灵活性和协调性，而且能锻炼学生的腰腹和下肢力量。

（一）器材介绍

1. 器材构成

滑板车的样式有多种，有成人代步滑板车（图41-1）、大童款滑板车（图41-2）、儿童蛙式滑板车（图41-3）、可坐可骑滑板车（图41-4）等，既有可折叠款，也有不可折叠款。各类滑板车都由车架、板面、车把、前叉、脚踏板、车轮、轴承、刹车片等部分构成。

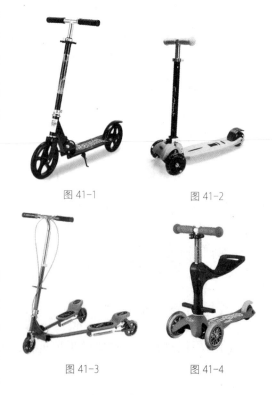

图 41-1   图 41-2

图 41-3   图 41-4

2. 主要特征

滑板车外观时尚，颜色鲜艳，款式多样，质量轻，携带方便，承重强，车杆高度可调，而且速度适中，易学易操作，能满足各个年龄段使用者的不同需求。有的滑板车具有炫彩闪光轮和音乐灯光，十分炫酷。

3. 适用范围

适用于中小学生，对其发展平衡能力有良好的效果。

（二）使用方法

1. 成人代步滑板车和大童款滑板车

一只脚踏在滑板前部，另一只脚蹬地，向前滑行；滑行时蹬地脚放到滑板的后部，待滑行动力不足时，再用一只脚蹬地，同时身体前倾，借助惯性往前滑行，如此反复，靠两脚的蹬踏，使滑板车不断向前滑行。

2. 儿童蛙式滑板车

儿童蛙式滑板车避免了普通滑板车须不断用脚推动才能前进的缺点，学生双手握住车把手，两脚分别站在对应踏板上，两腿进行开合动作，就可以使滑板车前行。儿童蛙式滑板车四轮设计比较安全，能够保持平衡。前置脚踩刹车的设计有利于保证学生的安全。

3. 可坐可骑滑板车

可坐可骑滑板车是在普通滑板车的基础上，增加了座椅部分，有的款式的座椅可拆卸，有的款式的座椅与车杆一体，不用时直接向上折叠即可。这种滑板车可坐着滑、站着滑，可多种模式变换，满足不同需求，而且加宽了踏板，具有超宽轮距，滑行时平稳防侧翻，安全又牢固。

（三）拓展运用

1. 滑板车接力赛

学生分成人数相等的若干队，每队一辆滑板车进行接力赛，可以采用迎面接力或往返接力的形式，赛道上还可以设置一些障碍物，增加比赛的难度，提升比赛的趣味性。

2. 滑板车定向越野

在常规的定向越野活动中使用滑板车，可以增加定向距离，提升滑板车技术（要在平坦的场地进行）。

（四）注意事项

（1）为安全起见，初学者在使用滑板车时，要穿戴好头盔、护腕、胶底鞋等，做好保护措施。

（2）滑板车并非玩具，行驶中具有一定的速度，因此在使用前，务必确认滑板车的每一部分连接牢固。

（3）学生在玩滑板车时，除了要穿戴安全护具外，还要有教师或家长在旁陪伴，避免发生意外。

（4）滑板车的轮子较小，不宜在高低起伏的路面或在有砂石、砂粒、坑洞的地面行驶，应选择较空旷且平整的场地。

四十二、软式飞镖

软式飞镖运动是在硬式飞镖运动的基础上发展起来的一项运动，具有较高的技术性、娱乐性、观赏性。软式飞镖具有器材轻便、简单易上手、安全系数高、不受场地限制的特点。

（一）器材介绍

1. 器材构成

软式飞镖（图42-1）由镖盘和飞镖两部分构成。镖盘是电子的塑料盘，盘面采用蜂窝孔洞设计；飞镖重量一般为 10～18g，镖头用的是可拆卸塑料头，比较安全。软式飞镖的镖盘一般有两种摆放方式：挂墙或放在桌上。

图 42-1

2. 主要特征

软式飞镖具有玩法多样、简单有趣、不受场地限制的特点。电子镖盘还带有 LED 显示屏，可自动计分，飞镖打中镖盘后会有一定的音效和动画效果，比较炫目，娱乐性较强。

3. 适用范围

适用于中小学生，主要锻炼学生对手腕力量的控制能力和对事物的判断能力。

（二）使用方法

1. 握镖

以适合的方式握镖。常见的握镖方式有两指握镖、三指握镖、四指握镖、五指握镖。其中，三指握镖适合初学者，即用拇指、食指、中指三根手指握住镖杆，拇指在一侧，食指、中指在另一侧，共同用力握住镖杆。

2. 投掷站姿

建议用最自然的投掷站姿，两脚前后站立，投掷手同侧的脚靠近投掷线，如右手投掷，右脚靠前，斜对镖盘，成45°角。

3. 投掷动作

飞镖的投掷动作包括五个动作：瞄准、回收、加速、释放和顺势。这五个连贯动作要做到流畅、舒展、协调。投镖完成后，手臂直接向镖盘方向伸出，这是保持正确一致的投镖动作的关键。

（三）注意事项

飞镖具有一定的危险性，所以在进行该项运动时要注意安全，不可随意投射。

四十三、独轮车

独轮车由单个车轮、车架、脚踏和车座构成，独轮车运动是一项由杂技演变而来的运动项目。它集健身、益智和娱乐于一体，融合了惊、险、奇、巧、美等元素，表现出与众不同的风度、气质、品位和独到的观赏性。

（一）器材介绍

1. 器材构成

独轮车（图43-1）由单个车轮、车架、脚踏和车座构成，车轮由高级橡胶轮胎、不锈钢轴承和加厚铝合金轮毂构成，车架由高强度锰钢制成，脚踏和车座由环保 PVC 材料制成。独轮车车轮有 16 寸、18 寸、20 寸和 24 寸等多种尺寸。

图 43-1

2. 主要特征

独轮车制工精细，坚固耐用，有良好的安全保障。

3. 适用范围

适用于中小学生，主要用于发展学生的平衡与协调能力，还可以结合篮球、射箭、跳绳、马球等项目训练使用。

（二）使用方法

学生坐在独轮车上，两脚踏在地面，保持身体平衡。学生先抬起一只脚轻轻向前踩下脚踏，同时另一只脚轻轻往后一蹬，独轮车就会向前滑行，然后两脚交替蹬脚踏向前骑行。学生在骑行过程中需要保持身体的高度平稳和思想的高度集中，一般需要经过多次练习才能顺利完成独轮车骑行。

（三）拓展运用

1. 骑车竞速

学生骑独轮车进行 100m、200m、400m 等不同距离比赛，或进行各种距离慢骑比赛。

2. 骑车绕障碍物

根据学生能力将若干标志杆按照一定距离摆放，学生在起始线后准备。游戏开始，学生骑独轮车从起点出发，途中依次绕过标志杆，先抵达终点者获胜。

3. 骑车运物赛

起点处放置一定数量的搬运物（如球类），学生在起始线后准备。游戏开始，学生手持物品骑独轮车从起点出发，将物品依次搬至终点，先搬运完的人获胜。

4.接力比赛

比赛方式与田径的 4×100m 接力赛相似，可设男队、女队，以及男女混合队。骑行过程中若跌落可重新上车，接力棒脱落，允许拾棒，然后继续参赛。（图43-2）

图 43-2

5.独轮车篮球赛

比赛方法和篮球赛相似，5 对 5 或 4 对 4，比赛分为上半场、下半场，各 10min，中场休息 5min，学生通过骑行独轮车完成运球、传球、投篮得分等篮球动作。（图43-3）

图 43-3

6.独轮车跳绳

学生先骑在独轮车上，将两个脚踏摆到与地面平行的位置，然后人慢慢站立，大腿向内夹住坐垫，进行 1min 跳绳比赛，看看谁跳的次数最多。（图43-4）

练习要点：先要有提座跳的经验，即单手或双手抓住座位，提车原地跳；由于独轮车具有一定的高度，因此需要注意控制跳绳的长度；在保证安全的情况下加快速度。

图 43-4

（四）注意事项

独轮车运动存在一定的风险，初学者在一开始练习的时候需要有人帮扶。

四十四、空竹

空竹是中国非物质文化遗产，随着时代的发展，空竹的款式也在发生变化。目前空竹有单轮和双轮两种款式，其制作材料也在与时俱进。练习空竹对发展学生的上肢力量和全身协调性具有良好的促进作用，而且颇具观赏性。

（一）器材介绍

空竹又称胡敲、空钟、闷葫芦，目前有单轮和双轮两种款式。

1. 器材构成

（1）双轮空竹：由两个环保软胶制成的半球形或饼状侧轮、中间不锈钢金属连接、塑料杆和抖绳构成；有小号和大号两种尺寸，小号空竹直径约10.5cm，高约12.5cm，重约200g，大号空竹直径约13.5cm，高约14.5cm，重约260g；有红、黄、蓝、绿、紫、橙等多种颜色。（图44-1）

图 44-1

（2）单轮空竹：由工程塑料制成，呈圆柱状，并带有孔哨，高速运转时会发出声响，中间部位由不锈钢连接，另一端为气囊头，顶端装有钢珠，便于在地面转动。单轮空竹直径约13cm，高约15cm，重约240g，有红、绿、紫、蓝等多种颜色。（图44-2）

图 44-2

2. 主要特征

颜色众多，色彩亮丽，防摔耐用，大小适中，轻巧便携。

3. 适用范围

适用于各个年龄段的人群，特别是中小学生，主要用于发展上肢力量和手、脚、眼协调配合的能力。

（二）使用方法

学生两手各持一个手柄，选择一块空旷场地，通过两手的协调配合，练习传统的调平衡、调方向、抛接、"金鸡上架"、"金蝉脱壳"、"蚂蚁上树"等基本的抖空竹动作，锻炼上肢及全身协调能力。
（图44-3）

图44-3

（三）拓展运用

1.在游戏中的运用

（1）接力垒高。

学生分小组从起点出发将双轮空竹运至终点，并将其竖立放置后跑回，后面的学生接力后依次出发，按照要求进行垒高或完成规定造型，比一比哪组先完成，以此激发加速跑的兴趣。（图44-4）

图44-4

（2）模拟保龄球。

将一定数量的双轮空竹竖立放置，学生距离空竹一定距离，以保龄球姿势将手中垒球或三大球滚出，比一比谁击倒的空竹数量多。

2.组合运用

将彩带舞龙或手竿舞龙的一端系在单轮空竹中间位置上，通过舞动空竹，带动彩龙按照一定轨迹舞动，绚丽的彩龙与响亮的空竹声融合，会产生很好的艺术效果。

（四）注意事项

（1）在每次抖空竹前都要检查一下空竹是否松动，务必将发音盘与轴心锁紧，以免其松动脱开造成危险。

（2）要注意周围人群的安全，避免出现空竹脱绳而出碰伤同伴或观众的情况。

四十五、舞龙

舞龙是中国传统体育项目，学生通过舞龙可以锻炼手臂力量和全身协调能力。传统舞龙器材一般用竹、木、纸、布等扎成，随着时代的发展，舞龙器材融入新材料、新工艺，不断创新，可以满足不同人群的需求，深受大众喜爱。

（一）器材介绍

目前，舞龙器材大致可分为两类：一类为传统架式舞龙；另一类为新兴带式舞龙。

1. 传统架式舞龙

（1）器材构成。

传统架式舞龙由龙头、龙尾、龙骨、龙珠、龙握构成，具有轻巧、耐用、耐摔、耐雨淋的特点。根据练习者年龄的不同，可以制作幼儿园龙、小学生龙、中学生龙、成人龙等。龙头采用加厚玻璃钢、防蛀老竹、不锈钢管和加厚牛津面料制成，龙身内胆采用防锈塑钢龙骨、防摔塑料龙架、加厚牛津面料制成。传统架式舞龙有五节龙、七节龙、九节龙（图45-1）、十一节龙等，长度在 10 ~ 22m，有红、黄、蓝、银绿、玫红、天蓝等多种颜色。

图 45-1

（2）主要特征。

传统架式舞龙做工精细，结实耐用，舞起来更轻、更逼真、更具视觉冲击力。

（3）适用范围。

适用于中小学生和成人，主要用于舞龙表演。

2. 新兴带式舞龙

（1）器材构成。

新兴带式舞龙主要有手竿式（图45-2）和甩带式（图45-3）两款，皆采用八美缎面料制成。手竿式舞龙有七彩龙款、鳞片龙款，手竿由玻璃钢和海绵制成，龙体由彩布条制成，有2 ~ 7m多种尺寸。甩带式舞龙由龙头、龙身和甩绳构成，可以根据需要定制龙头大小，龙身为带状，有3 ~ 12m多种尺寸，甩绳长约120cm。甩带式舞龙有烫金黄、烫金红、烫金蓝、七彩虹、七彩蓝、七彩绿、动感红、动感绿、动感蓝等多种颜色。

图45-2　　　　　　　　图45-3

（2）主要特征。

新兴带式舞龙具有良好的透光性和反光性，色泽鲜艳，结实耐用，舞动起来很漂亮；尺寸众多，可以满足不同人群的需求，一人一小片区域即可进行舞龙，健身效果良好。

（3）适用范围。

适用于各个年龄段的人群，主要用于发展上肢力量和全身协调能力。

图45-4

（二）使用方法

1. 传统架式舞龙

（1）游龙。

多人配合，通过较大幅度的奔跑游走，使龙体快慢有致、高低不一、左右起伏，展现婉转回旋、左右盘翻、屈伸绵延等龙的动态特征。（图45-4、图45-5）

图45-5

（2）"8"字舞龙。

多人配合，将龙体在人体左右两侧交替做"8"字形环绕的舞龙动作，可利用人体组成多种姿态，运用多种方法做"8"字舞龙。（图45-6、图45-7）

（3）穿腾。

多人配合，使龙体运动路线呈纵横交叉形式，龙珠、龙头、龙节依次在龙身下穿过称为穿越，龙珠、龙头、龙节依次在龙身上越过称为腾跃。（图45-8、图45-9）

图45-6

图45-7

图45-8

图45-9

（4）翻滚。

多人配合，使龙体呈立圆或斜圆运动，展现龙的腾跃、缠绞的动态。龙体做立圆或斜圆状连续运动，同时或依次做360°翻转，利用滚翻、手翻等方法越过龙身。（图45-10、图45-11）

图45-10

图45-11

（5）组图造型。

多人配合，使舞龙组成多种炫酷的造型，产生良好的视觉冲击。组图造型一般在表演临近结束时或结束时展现出来。（图45-12、图45-13）

图45-12

图45-13

2. 新兴带式舞龙

（1）"O"字动作。

单手持舞龙手竿，或一只手持新兴带式舞龙甩绳前端，另一只手持甩绳后端，于体侧和体前画"O"字，使彩龙沿着圆形轨迹舞动。熟练之后可以进行行进间的"O"字舞龙练习。（图45-14）

图 45-14

（2）"8"字动作。

单手持舞龙手竿或新兴带式舞龙甩绳于体侧，在体前画"8"字使彩龙沿着"8"字路线进行舞动，也可以画横着的"8"字，或不同角度的"8"字。熟练之后可以进行行进间的"8"字舞龙练习。（图45-15）

图 45-15

（3）组合动作。

可以将"O"字和"8"字动作组合，一般先在身体一侧做1～3次"O"字舞龙，紧接着做一次"8"字舞龙，然后在身体另一侧做1～3次"O"字舞龙，如此循环进行。也可以在舞动过程中从龙身上跳过去，该动作适合动作熟练者练习。

（三）注意事项

（1）虽然各种款式的舞龙器材都具有一定的韧性，但是在使用过程中也要尽量避免出现拖拽、拉扯等现象，使用时尽量减少器材与地面的摩擦，尽量到空旷的场地进行，防止器材被刮到或缠绕其他物体。

（2）不使用时，将舞龙器材收纳整齐，放于阴凉干燥处。

四十六、舞狮

舞狮是中国非物质文化遗产，随着时代的发展，其制作更加精美、款式更加新颖，能够满足不同人群的需求。舞狮可以发展学生手臂力量、全身协调性及团结协作的能力。

（一）器材介绍

1. 器材构成

舞狮分为北狮（图46-1）和南狮（图46-2）。北狮包括引狮球、狮头、狮被、狮衣、狮裤、狮鞋、方桌等，南狮包括狮头、狮被、狮裤、狮鞋、桩阵等。舞狮器材一般用玻璃钢、亮片布、人造毛材料制成，有单人款和双人款，根据不同的使用人群分为成人款和儿童款，有金色、黄色、中国红、纯白等多种颜色，色彩亮丽。其中，狮头采用高硬度干压纸托压制而成，环保无味，高硬度干压纸托的独特设计使其在承重、防震、抗冲击上有着更好的性能。狮毛一般为纯手工粘贴，从而增加了狮子的灵动气息。

图46-1   图46-2

2. 主要特征

舞狮的材质轻巧，结实耐用，色彩亮丽。

3. 适用范围

适用于中小学生及舞狮表演者，可培养学生团结协作的能力。

（二）使用方法

1. 单人舞狮

（1）拜狮。

两手持狮头把手举于头顶，单提举高，两手微微弯曲，虚步套头，使狮眼看地面，左右踏脚抬头，使狮鼻正对前方，动作循环重复三遍。

（2）高狮。

两手持狮头把手举于头顶，重心降低，将狮头举高，向左、向右转，之后套于头部，再举高，再降低套于头部，并向前看。

2. 双人舞狮

两人合作表演，一人舞头，另一人舞尾，表演者在锣鼓音乐下，装扮成狮子的样子，做出狮子的各种形态动作。（图 46-3）

图 46-3

（三）注意事项

（1）狮头的高硬度干压纸托材质虽然比较坚固，但是在使用时仍须轻拿轻放，以防摔坏。在进行双人合作练习时，应避免大力拉扯，以防损坏狮尾。

（2）存放时，须特别注意避免暴晒或雨淋，以免缩短其使用寿命。

四十七、腰旗橄榄球

腰旗橄榄球是美式橄榄球的简化版本，在保留美式橄榄球战术、团队等核心价值和魅力的基础上，以撕腰旗取代冲撞来避免身体接触，最大限度地保护参与者，是一项不受性别、年龄、场地等因素限制的运动项目。

（一）器材介绍

1. 器材构成

腰旗橄榄球的主要器材包括橄榄球和腰旗（图 47-1）。橄榄球由四片 PU 皮革拼接而成，其长轴为 28 ～ 30cm，长轴周长为 76 ～ 79cm，短轴周长为

58 ～ 62cm，重量为 400 ～ 440g；一套腰旗
含一条腰带和两条旗。

图 47-1

2. 主要特征

腰旗橄榄球的表面用的是 PU 皮革，不
易漏气、气密性好、耐磨性好；球体大小适
宜，对于学生来说更容易抓抱；球体可放气
收纳，携带方便。

3. 适用范围

适用于中小学生，可培养学生的团队意识。

（二）使用方法

腰旗橄榄球比赛主要有五人制和七人
制两种，与正式橄榄球运动相比，腰旗橄
榄球规定不允许抱人和推人，队员会在腰
间系上腰旗，以扯掉持球队员腰旗为成功
防守，是一种安全的"非冲撞性"运动，
可以发展学生的灵敏性和抓握、奔跑、躲
闪等能力。（图 47-2）

图 47-2

（二）注意事项

（1）应选择空旷的场地或者草地开展腰旗橄榄球活动，避免在潮湿的地面
上开展。

（2）活动时注意安全，不可盲目求快，避免碰撞。

（3）若长时间不用，应将腰旗橄榄球放在干燥通风的地方，防止 PU 皮革
发霉腐烂。

四十八、地掷球

地掷球是双方运动员在规定的场地上用手投掷球进行对抗的运动项目。它是一项脑力活动和体力活动相结合的体育运动，具有较强的娱乐性与竞技性。

（一）器材介绍

1. 器材构成

地掷球的材质有硬塑料（图48-1）和金属（图48-2）两种。硬塑料地掷球的比赛用球分大球和小球两种，大球为投掷用球，重量为500～1000g，直径为90～110mm；小球为基准球，重量为60g，直径为40mm。金属地掷球的比赛用球也分大球和小球两种，大球重量为900～1200g，直径为90～110mm；小球重量为600～800g，直径为65～80mm。

图 48-1

图 48-2

2. 主要特征

地掷球具有很强的观赏性和竞技性，对场地、器材要求不高；运动量不大，充满趣味性和刺激性。

3. 适用范围

适用于各个年龄段的人群，特别是中小学生。

（二）使用方法

地掷球标准比赛在一块长26.5m、宽4.5m、四周围板高25cm的沙土地或塑胶场地上进行。比赛用球大球为队员投掷用球，小球为比赛的目标球，裁判员根据双方投掷的大球距小球的距离确定双方的得分。地掷球主要有滚靠、滚击、抛击三种进攻手段，分团体赛和单项比赛两种，具体参照地掷球比赛规则执行。（图 48-3）

图 48-3

（三）拓展运用

（1）可以用地掷球进行打靶或者靠线、进圈、进洞、掷准等游戏和比赛。若器材数量有限，课堂教学中也可以用实心球、排球、网球、乒乓球、铅球等代替地掷球进行练习。

（2）可模仿冰壶比赛，画出不同得分的相应圆圈线，双方队员依次将球滚向圆心，可将对方的球弹出，也可设置障碍保护己方靠近圆心的球，完成规定数量的滚球后，地掷球离圆心最近的队伍获胜。

（四）注意事项

（1）一定要在平整的场地上进行练习或比赛，场地四周应有围板，确保安全。

（2）根据学生年龄及场地条件，可酌情调整比赛场地和计分方法。

第三部分　体育游戏类

四十九、沙滩球

沙滩球由环保 PVC 材料制成，适用于泳池、海边等场所，平时不用时可以放在家里做装饰品。沙滩球因球体轻，颜色鲜艳，特别适用于中小学体育课堂教学。

（一）器材介绍

1.器材构成

沙滩球（图 49-1）由环保 PVC 材料制成，充气后成一个直径 25 ～ 60cm 不等的圆球，加厚款的直径为 60 ～ 150cm。

图 49-1

2.主要特征

沙滩球颜色鲜艳，可根据需要在其表面印制不同类型及颜色的图标；其类似沙滩排球，但比沙滩排球轻，不易伤到人，安全系数高，且轻便易携带，收纳方便。

3.适用范围

适用于各个年龄段的人群，特别是中小学生。

（二）使用方法

1.打排球

用沙滩球代替排球进行垫（图49-2）、传、发、扣等排球基本技术练习，也可以进行比赛（图49-3），特别适合初学者使用。

图 49-2　　　　　　　图 49-3

2.众星托月

学生分成若干组，每组学生成圆形紧凑地坐在草坪上，面向圆心。教师向圆内抛进一只大沙滩球，要求学生用双手将其向高处抛起，范围要控制在圆内，不能抛到圆外，所有人不能站起，抛的次数越多越好。如果抛出界或失误了，大家共同讨论，寻找原因，接着再次练习。（图49-4）

图 49-4

3. 坐地排球

学生分成两组，在场地中间拉一条高约1m的绳子当作球网，两组学生分别坐在绳子两边，面向绳子。游戏开始，学生必须坐在地上打沙滩球，不得站起，但可以通过用手支撑来移动臀部进行传接或垫球，其他规则与正式排球比赛相同，采用三局两胜15分制。（图49-5）

图 49-5

4. 球不落地

学生一人两球，发令后，将手中两个沙滩球向上抛出，然后用两手去拍打球，让两球在空中停留的时间越久越好。若有一个球落地则结束，看谁坚持的时间最久。

建议：一人两球熟练后，可逐渐挑战一人3球、一人4球。

5. 沙滩排球

用沙滩球代替沙滩排球，选一处平缓沙滩，两人一组，进行小型沙滩排球赛。

（三）注意事项

沙滩球存放和使用时不要接触尖锐物体，防止戳破漏气。

五十、袋鼠跳跳袋

袋鼠跳跳袋是一种跳跃类游戏的专用器材，该器材由加厚牛津布或帆布制作而成，类似于普通口袋，具有色彩鲜艳、使用轻便、简单易学等特点，能较好地发展学生的跳跃能力，提高学生练习跳跃的积极性。

（一）器材介绍

1. 器材构成

袋鼠跳跳袋由布袋和把手构成，由多种颜色的加厚牛津布或帆布制作而成（图 50-1），有小号（直径 50cm× 高 50cm）、中号（直径 50cm× 高 70cm）、大号（直径 60cm× 高 90cm）、特大号（直径 70cm× 高 100cm）等各种规格，有的袋鼠跳跳袋外表面印有数字或卡通图案，更显活力。

图 50-1

2. 主要特征

袋鼠跳跳袋主要由加厚牛津布或者帆布制作而成，结实耐用，色彩鲜艳；使用轻便，简单易学，趣味性强。

3. 适用范围

适用于各个年龄段的人群，特别是中小学生，能够发展其跳跃能力。

（二）使用方法

1. 跳跃练习

学生站在袋鼠跳跳袋中，两手抓住两侧把手，原地或行进间跳跃，体会双脚跳的动作。

2. 跳跃接力

学生平均分成若干组，每组一个袋鼠跳跳袋，各组第一人穿好袋鼠跳跳袋做好准备。发令后，第一人出发，在指定赛道向前跳进，绕过标志筒返回，到达起点后脱下袋鼠跳跳袋，交给本组第二人，依次进行，直到本组最后一人到达终点，先完成的组胜出。（图 50-2）

图 50-2

3. 跑跳接力

学生平均分成若干组，每组一个袋鼠跳跳袋。发令后，第一人套进袋鼠跳跳袋，然后向前跳到前方一定距离处的标志筒后，脱下袋鼠跳跳袋，拿着袋鼠跳跳袋跑回起点交给本组第二人，第二人套进袋鼠跳跳袋继续游戏，依次进行，直到本组最后一人返回起点，先完成的组胜出。

（三）注意事项

（1）比赛前，教师要先组织学生进行体验练习，让学生学会使用袋鼠跳跳袋连续向前跳跃，体验速度和重心的变化，避免学生在比赛中因追求速度而摔倒，保证学生安全。

（2）在开展比赛时，尽量选择平整的场地，如草坪、塑胶等场地。比赛结束后，将袋鼠跳跳袋折叠整齐平放于架子上。

五十一、泡沫剑

泡沫剑由剑柄、剑身两部分构成，具有色彩鲜艳、使用轻便、安全系数高、技术动作要求低、不受场地限制等特点，能代替金属剑用于击剑教学、身体素质练习和游戏比赛等。

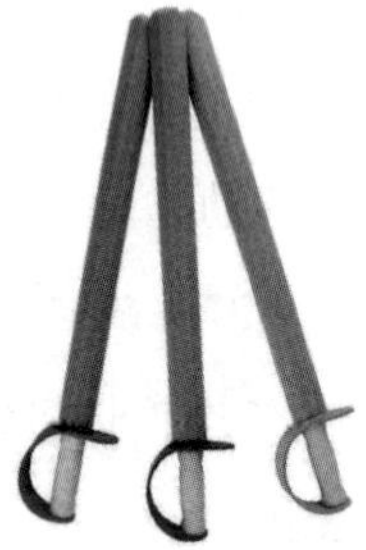

图 51-1

（一）器材介绍

1. 器材构成

泡沫剑由剑柄、剑身两部分构成，由环保塑料泡沫制成。剑柄呈弧形，保护手部；剑身长 50 ～ 80cm，宽约 4cm，重量在 200g 左右。（图 51-1）

2. 主要特征

泡沫剑柔软有韧性，安全系数高，不受场地限制，色彩鲜艳，对技术动作的要求较低，趣味性强。

3. 适用范围

适用于各个年龄段的人群，特别是中小学生，主要用于击剑运动和身体素质练习。

（二）使用方法

1. 击剑练习

在击剑练习中，用泡沫剑代替金属剑进行各种技术动作练习。

2. 刺准练习

将 4 个大纸箱并排放在一起，分别从左至右在纸箱中间挖半径 10cm、8cm、6cm、4cm 的圆，学生站在一定距离处，用泡沫剑从左至右进行刺准练习。

（三）拓展运用

1. 灵敏性练习

多人一组围成圆圈，间距适当，每人一支泡沫剑，将剑身着地竖立，听到指令后，同时放手，顺时针或逆时针去抓下一名学生的泡沫剑，要求在剑身完全着地前抓住。

2. 作接力棒

泡沫剑可作为接力赛中的接力棒使用，相对于传统接力棒，泡沫剑既轻又软，更适合低年级学生练习。

（四）注意事项

（1）由于泡沫剑由环保塑料泡沫制成，教师应提醒学生在使用过程中不要拉扯、扒抠剑身和剑柄等部位。若泡沫剑部分脱落，可用胶水固定后继续使用。

（2）练习时不准刺向面部，避免发生意外伤害事件。

（3）练习时最好佩戴击剑面罩，可以用电动车头盔（全盔、3/4 半盔）或防护面罩来代替。

五十二、人形造型墙

人形造型墙由底座和造型板两部分构成，具有造型独特、移动方便、色彩鲜艳、技术动作要求低、不受场地限制等特点，能很好地激发学生的练习兴趣，发展学生的身体协调性和灵敏性。

（一）器材介绍

1. 器材构成

人形造型墙由底座和造型板两部分构成，一般由优质 PE 材料制作而成。底座装有轮子，可移动可固定。造型板图案多样，高约 120cm，宽约 100cm。（图 52-1）

2. 主要特征

人形造型墙色彩鲜艳，固色强；边沿光滑，没有毛刺；底座牢固，安

图 52-1

全系数高；不受场地限制，对技术动作的要求较低；趣味性强，能激发学生参与的积极性。

3. 适用范围

适用于各个年龄段的人群，主要用作中小学生的游戏道具，也可用于成年人的素质拓展。

（二）使用方法

将人形造型墙竖排摆放，每个人形造型墙间隔 3m，穿过人形造型墙用时最短者获胜。

（三）注意事项

（1）在使用人形造型墙的过程中应注意将底座固定，避免人形造型墙倒下，发生安全事故。

（2）长时间不使用，应将人形造型墙放于室内，避免太阳暴晒，影响其使用寿命。

五十三、手脚并用运动垫

手脚并用运动垫一般由橡胶发泡、TPE 发泡、PVC 发泡等材料制成，具有防滑耐磨、色彩鲜艳、趣味性强、使用轻便、安全系数高、不受场地限制等特点，能较好地代替普通瑜伽垫运用于游戏和素质拓展，提高学生对爬行运动的兴趣。

（一）器材介绍

1.器材构成

手脚并用运动垫（图 53-1）的材质一般为橡胶发泡、TPE 发泡、PVC 发泡等，底部通常会做防滑耐磨处理，表面印有不同的图案，长 6 ~ 20m，宽 0.6 ~ 1.5m，形制多样。

2.主要特征

手脚并用运动垫柔软有韧性，安全系数高，防滑耐磨；设计精美，图案多样；使用难度小，趣味性强。

3.适用范围

适用于各个年龄段的人群，主要用作小学生的爬行游戏器材，也可用于成年人的素质拓展。

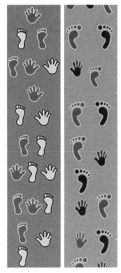

图 53-1

（二）使用方法

将手脚并用运动垫铺在平坦地面上，学生从起点出发，按垫上所示图形，将对应身体部位放在图形上前行，如垫上印的是手印就用手去接触，印的是脚印就用脚去踩。同时身体其他部位不能接触除图形以外的区域，否则视为犯规，通过手脚并用运动垫用时最短者获胜。既可进行单人或双人闯关，也可进行接力比赛。

（三）拓展运用

1. 作瑜伽垫

手脚并用运动垫材质与瑜伽垫相同，且长度比瑜伽垫长，可以作为瑜伽垫供师生练习瑜伽、进行身体拉伸使用。

2. 灵敏性练习

对手脚并用运动垫的每个图形进行编号，多人站在垫两侧，教师或一名学生随机报编号，看哪个人以最快的速度用相应的身体部位接触手脚并用运动垫上的对应编号的图形。

（四）注意事项

（1）铺手脚并用运动垫的地面要平整，地面不能凹凸不平或有尖锐物品。

（2）不使用时，要将手脚并用运动垫收叠整齐；要在阴凉处存放，避免重物挤压。

五十四、羊角球

羊角球由环保 PVC 材料制成，由圆球体和两个长约 10cm 的角构成，具有弹性好、结实耐用、体积大、便于抓握等特点，适合进行多种骑球跳跃游戏，深受学生喜爱。充分利用羊角球的不稳定性可以进行多种素质练习和拉伸练习，还可以与篮球巧妙融合，进行多种有趣的篮球趣味游戏，发展学生的运球能力。

（一）器材介绍

1. 器材构成

羊角球由环保 PVC 材料制成，由圆球体和两个长约 10cm 的角构成。羊角处有防滑波纹，羊角球有红、黄、蓝、绿、紫等多种颜色，有 35cm、45cm、55cm、65cm 等多种规格，有 400g、450g、500g、600g 等不同重量。（图 54-1）

图 54-1

2. 主要特征

羊角球弹性好，结实耐用，较大的球体可以承载较大的重量，可以用于骑球跳跃和平衡性练习。

3. 适用范围

适用于中小学生，主要用于感统训练。

（二）使用方法

1. 骑球跳跃

根据学生身高选择合适大小的羊角球。学生坐在羊角球上，两手握住羊角，

两脚分别放于羊角球侧前方。练习时，学生通过两脚蹬地向前上方跃出，落地时继续蹬地前进。（图54-2）

2. 平衡性练习

学生坐在羊角球上，两手握住羊角，上身挺直。练习时，学生两脚离地，大腿和小腿内侧夹紧羊角球侧面，保持身体在一段时间内不碰到地面，从而发展学生的平衡能力。（图54-3）

图54-2　　　　　　图54-3

（三）拓展运用

1. 模拟瑜伽球练习

（1）卷腹。

学生后背抵住羊角球，仰卧于羊角球上，两脚支撑于地面，做循环卷腹动作，锻炼腹部肌肉。

（2）臀桥。

学生仰卧于瑜伽垫上，两手伸直自然放于体侧，两脚脚掌撑于羊角球上，髋关节上抬，循环做臀桥动作，锻炼臀部肌肉。

（3）俯卧挺身。

学生腹部抵住羊角球，俯卧于羊角球上，两脚前脚掌撑于地面，循环做俯卧挺身动作，锻炼背部肌肉。

（4）肩背拉伸。

学生跪在瑜伽垫上，两手自然前伸撑于羊角球上，循环前后推拉羊角球，不稳定的羊角球能大大提高肩背拉伸的效果。

2. 融合篮球运球游戏

（1）齐心协力。

学生两人一组，两人并排站立于起始线后，分别用内侧手共同将一个羊

角球支撑在两人之间。游戏开始，两人同时向前运球，将羊角球运至终点并以相同方式运回，先完成的组获胜。（图54-4）

图54-4

（2）运球对对碰。

学生两人一组，站在直径约3m的圆圈内，面对面相距约1m站立，每人一只手握住羊角于身体侧面，另一只手做原地运球动作。游戏开始，学生在运球前进的同时，用手中羊角球去撞对方的羊角球（图54-5），迫使对方出圆圈。身体任何部位或球先出圈者为输。

（3）幸运大转球。

将两个呼啦圈前后摆放，在前面的呼啦圈里放一个篮球，在后面的呼啦圈里放一个羊角球。学生三人一组，两名学生左右相距约2m站于起跑线后，起跑线距呼啦圈约5m，另一名学生站在羊角球旁。游戏开始，站在羊角球旁的学生负责转动羊角球，等羊角球停止转动后，若羊角指向左边，则右边的学生去拿篮球运球至终点，左边的学生快速反应去拿羊角球，持羊角球的学生用球阻止运球学生向前运球（图54-6），运球学生成功抵达终点则获胜。

图54-5

图54-6

（4）你推我挡。

用标志盘或标志筒设置一个宽3m、长5m的赛道，学生两人一组，面对面相距

2m 站在赛道中，中间放一个羊角球（图 54-7）。游戏开始，两人同时一边运球一边用手去推羊角球，使羊角球向对方的前方、左前方、右前方滚动（图 54-8），先被挤出赛道的学生输。

（5）打地鼠。

学生 10 人一组，7 人持球站在篮球场三分线半圆内，3 人分散站在半圆外（其中 1 人手持羊角球）。游戏开始，圈外 3 人相互配合传递，向圈内抛羊角球去阻止圈内学生运球，圈内学生则一边运球一边观察羊角球的位置，躲避飞来的羊角球，被击中者输。（图 54-9）

图 54-7　　　　　　　　图 54-8　　　　　　　　图 54-9

（四）注意事项

（1）使用羊角球时地面要平整，地面不能凹凸不平或有尖锐物品。

（2）不使用时，要将羊角球摆放整齐，避免重物挤压或尖物刺损。

五十五、彩虹伞

彩虹伞由圆形伞面和若干拉手构成，伞面由加厚牛津布制作而成。充分利用彩虹伞色彩多样、结实耐用、重量轻、透气性好等特点，可以更好地锻炼学生的反应、速度、跳跃、投掷、合作等能力。

（一）器材介绍

1. 器材构成

彩虹伞由圆形伞面和若干拉手构成，伞面为加厚牛津布材质，直径有 2 ~ 12m 等不同规格，颜色多样。伞面又被分为多片相同大小、不同颜色的扇形。（图 55-1）

图 55-1

2. 主要特征

彩虹伞色彩多样，结实耐用，重量轻，透气性好，便于学生使用。

3. 适用范围

适用于中小学生发展体适能。

（二）使用方法

1. 在反应练习中的运用

（1）极速逃生。

几名学生分散站立，将彩虹伞举于头顶上方，另有几名学生半蹲于彩虹伞正下方，听到信号，举伞学生同时松手，使彩虹伞自然下落，同时，伞下学生快速跑出，尽量不被下落的彩虹伞碰到。（图 55-2）

图 55-2

练习提示：根据彩虹伞的大小安排练习人数，每组练习人数不宜过多；教师提醒学生在伞下方要提前找准跑出方向，避免冲撞。

（2）危险时刻。

几名学生左手持彩虹伞，逆时针自然行走，另有一名学生在距伞 2m 外绕伞慢走，听到信号，持伞学生快速躲到彩虹伞下并蹲下，两手压住伞边保证身体被伞遮住，距伞 2m 外的学生则去抓没有藏好的学生。再听到信号后，各参与者恢

复慢走状态，循环练习。（图55-3）

图55-3

练习提示：根据彩虹伞的大小安排练习人数，每组练习人数不宜过多；可以安排两名学生充当抓人者的角色，增加练习的趣味性。

2. 在跑跳练习中的运用——趣味追逐赛

学生数量与伞面上扇形数量相同，每人左手握住一个扇形的边逆时针慢走，教师报颜色，握住相应颜色扇形的学生松手，并从外围加速跑追逐前面相同颜色的学生，其他学生继续逆时针慢走，追逐学生绕伞一周若没追上前面的学生，则

图55-4

回到自己的位置继续握伞慢走。以相同的方法，教师可以组织学生以单脚跳、并脚跳、开合跳等形式进行追逐赛，发展学生的跳跃能力。（图55-4）

练习提示：教师提醒学生感受弯道跑与直线跑手臂摆动的区别；教师准备大、中、小三种尺寸的彩虹伞，让学生感受使用不同尺寸的彩虹伞手臂摆动的变化；增加绕伞追逐的圈数，增加游戏的挑战性。

3. 在投掷练习中的运用——掷准掷远练习

将彩虹伞每个扇形进行编号，此编号代表相应分数，将一定尺寸的彩虹伞平铺在地面上，学生距伞一定距离投掷垒球，

图55-5

图55-6

根据垒球落在彩虹伞的位置进行计分（图55-5、图55-6）。或者将一定尺寸的彩虹伞贴在墙上或悬挂在一定高度，学生掷沙包进行打靶练习，每人投10次，看谁投得准。

练习提示：投掷时教师要提醒学生注意动作的规范性；适当改变彩虹伞放置的远度或高度，引导学生投得又高又远。

4. 在上肢力量练习中的运用

（1）大小波浪。

教师根据彩虹伞的大小安排一定数量的学生双手握住伞边提手，将伞置于体前。练习开始，当教师报"大波浪"时，学生同时大力抖动手臂，使彩虹伞形成大波浪；当教师报"小波浪"时，学生减小手臂抖动力量，使彩虹伞形成小波浪。

图 55-7

通过让学生的手臂不断抖动，发展学生的上肢力量。（图 55-7）

练习提示：可以改变游戏规则，如当教师报"大波浪"时，学生做出小波浪动作，增加游戏的趣味性。还可以改变游戏形式，如单脚站立进行大小波浪练习；或用平板支撑姿势，每人一只手握住伞边，进行大小波浪练习，从而发展学生的核心力量；或在双脚连续跳跃的同时进行大小波浪练习，从而发展学生的下肢力量。

（2）欢乐海洋。

根据彩虹伞的大小分组安排一定数量的学生双手握住伞边，然后将若干个海洋球放在伞中间。练习开始，每组学生用力抖动手臂，让伞面上的海洋球飞跃起来，计时 1～3min，最后看哪组伞内剩余的海洋球最少。（图 55-8）

图 55-8

练习提示：学生只能在原地抖动彩虹伞。学生也可以分成两组进行对抗赛，一组抖动彩虹伞将海洋球抛到伞外，另一组在伞的四周将掉落地面的海洋球捡起抛回伞内。计时 1～3min 后互换角色，再进行同样的时间后，比较双方被抛出伞外海洋球的数量，数量少者获胜。

（3）旋转风车。

将彩虹伞打开平铺在地面上，学生8～20人一组，等距离站于彩虹伞周围，然后两手俯撑于伞沿外。练习开始，每组学生手脚并用围着伞沿逆（顺）时针方向移动1～3圈，看哪组移动得又快又齐。（图55-9）

图 55-9

练习提示：练习时，后边的学生不能超越前边的学生，大家保持原位移动；也可以让学生平躺在彩虹伞上（头部朝向圆心，双手上举），然后做侧滚翻行进一圈（图55-10）。

图 55-10

5. 在合作练习中的运用

（1）伞抛大球。

根据彩虹伞的大小分组安排一定数量的学生双手握住伞边，将伞置于体前，在彩虹伞中央放置一个软球。练习开始，学生同时向上抖动手臂使球抛到空中，看哪组抛得高，或者在规定时间内比哪组连续抛接球的次数多，从而发展学生的合作能力。（图55-11）

图 55-11

练习提示：为了保证安全，彩虹伞中的球可以用软式排球、瑜伽球、羊角球等比较软的球；增加伞中球的数量可增加练习的趣味性。

（2）搭建蒙古包。

根据彩虹伞的大小分组安排一定数量的学生用双手握住伞边将伞举于头顶上方。练习开始，学生同时快速向下压伞边，使伞面形成一个蒙古包形状，比赛看哪组的伞更像蒙古包，从而锻炼学生间的默契度。（图55-12）

图 55-12

练习提示：教师要提醒学生，在做动作前，可以通过同时喊口令"1——2——3"，加强彼此间的配合；也可以让学生钻进蒙古包内。（图55-13）

图 55-13

6. 其他用法

除了以上使用方法，教师还可以在大课间引入彩虹伞，根据学生能力，结合彩虹伞编排适合不同年龄段学生的动作，对彩虹伞进行多种形状变换，并配上音乐进行大课间活动，让学生在玩的同时发展体适能。

（三）注意事项

练习时，不要故意拉扯彩虹伞；收纳时要叠放整齐，摆放在架子上。

五十六、趾压板

趾压板由趾压突出物和压力缓冲垫构成，由 TPE 或 PVC 制成，具有良好的脚底放松按摩效果。利用趾压板可以进行多种拓展练习、趣味游戏。

（一）器材介绍

1. 器材构成

趾压板主要成分为 TPE 或 PVC，有矩形（图 56-1）、六边形（图 56-2）、圆形（图 56-3）等多种形状，宽度为 26 ~ 56cm，有红、黄、蓝、绿、紫等多种颜色。趾压板表面的趾压突出物附着在压力缓冲垫上，有的也附有不同大小的缓冲球。

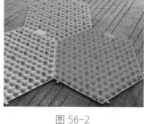

图 56-1　　　　　　　　图 56-2　　　　　　　　图 56-3

2. 主要特征

趾压板韧性好，便于携带，较多适中的突出物能刺激脚底穴位，可对足底多个穴位进行按摩。

3. 适用范围

适用于各个年龄段的人群，主要用于脚底放松按摩。

（二）使用方法

在平整的地面上将几块趾压板拼在一起，学生光脚或穿着棉袜在上面慢走或慢跑。（图 56-4）

图 56-4

（三）拓展运用

1. 在素质拓展中的运用

可以利用趾压板具有多个突出物的特点，进行跳绳（图 56-5）、玩转呼啦圈（图56-6）、俯卧撑（图56-7）等单人练习；可以通过将趾压板拼成一定形状的赛道进行爬行（图56-8）、背人行走（图56-9）等游戏；可以在趾压板上放置小栏架等各种障碍物（图56-10），让学生通过障碍；还可以让学生两人一组，进行仰撑踢腿或靠脚（图56-11）等练习。

图56-5　　　图56-6　　　　　　图56-7　　　　　　　图56-8

图56-9　　　　　图56-10　　　　　　图56-11

2. 在立定跳远练习中的运用

趾压板一面平整，与地面贴合度较高，一面有凸起，摩擦系数较大，学生可两脚踩在趾压板上感受起跳蹬地动作。

3. 在民间体育游戏中的运用

学生可以在趾压板上玩推小车（图56-12）、斗鸡（图56-13）、跳房子、踢毽子、抛沙包、跳竹竿等民间体育游戏。

图56-12　　　　　　图56-13

4. 在趣味游戏中的运用

（1）你抽我跳。

学生两人一组，将若干个趾压板叠在一起，一名学生站在趾压板上有规律地向上跳，另一名学生蹲在趾压板前负责抽出趾压板，趾压板先抽完的组获胜。（图56-14）

图 56-14

（2）旋转风车。

学生两人一组，将三个趾压板相距 1m 摆放，使其成为等边三角形的三个顶点，两名学生手拉手一起站在一块趾压板上。游戏开始，两名学生同时双脚起跳沿逆时针方向跳跃，落在下一块趾压板上，规定时间内，跳跃次数多的组获胜。

（3）青蛙过河。

学生两人一组，每组两张"荷叶"（趾压板），一名学生负责向前搬运"荷叶"，另一名学生负责在"荷叶"上向前一步步跳跃，若没有跳到"荷叶"上，要回到前一个"荷叶"上重新起跳，先到达终点的组获胜。

（四）注意事项

（1）趾压板虽说有很好的保健效果，但并不适合长期使用，需要注意使用频率。每次使用趾压板时间不宜过长，以免过度刺激足部，一般 20min 左右即可。

（2）有以下病症的人不宜使用趾压板，如脚痛、扭伤、外伤、肿胀、风湿、冠心病、高血压、晕眩症、骨性膝关节炎等。

（3）踩踏趾压板最好穿软底鞋或棉袜，避免穿厚而硬的鞋子阻隔趾压板对足底的按摩。

五十七、抓尾巴

抓尾巴由优质牛津布制成，有腰带款和背心款两种，由固定器材（腰带或背心）以及多条颜色鲜艳的尾巴构成，每条尾巴上都有超强粘力贴片。该器材适用于体智能教学、感统训练、儿童游戏、成人互动，使用不受时间、天气、场地、人数的限制。将该器材引入体育课堂教学，可以提高学生的奔跑能力、反应能力、闪躲能力、耐力、手眼协调能力，增强学生的团队合作意识。

（一）器材介绍

1. 器材构成

抓尾巴有腰带款和背心款两种。腰带款由一条弹力粘扣绑带和多条尾巴构成。弹力粘扣绑带用于调节腰带长度，腰带长 77cm 左右；尾巴长 31cm 左右，每条尾巴上都有超强粘力贴片。背心款由带有超强粘力贴片的运动背心和 5 条彩色尾巴构成。（图 57–1）

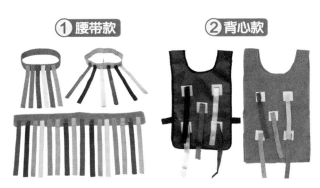

图 57–1

2. 主要特征

腰带可调节、不紧勒，尾巴颜色鲜艳，可以重复使用；简单便携，使用不受时间、天气、场地、人数的限制。

3. 适用范围

适用于各个年龄段的人群进行趣味游戏。

（二）使用方法

在规定的时间和区域内进行抓对方尾巴比赛，时间到后腰上剩下的彩色尾巴数量多者获胜（图57-2）。该游戏可以一对一，也可以小组进行对战。

图57-2

（三）拓展运用

1. 龟兔赛跑

学生两人一组，一人站在起点处作兔子，另一人绑着尾巴站在起点前5m的位置作龟，游戏开始，两人同时跑向终点，途中若兔子抓到龟的尾巴则兔子获胜，若龟跑过终点时尾巴还在则龟获胜。

2. 辨色组团

游戏开始，学生围成圈在操场上统一按顺时针或逆时针方向跑动，当教师喊出尾巴颜色＋条数时，学生立即扯下自己腰带上相应颜色的尾巴并找人组团。例如，当教师喊"黄5"，学生快速扯下自己腰带上的黄色尾巴，再找到5人组团。

3. 老鹰抓小鸡

学生10人一组，一人当老鹰，一人当母鸡，其余人当小鸡，腰带绑在最后一只小鸡的腰上。游戏开始，老鹰开始抓小鸡的尾巴，母鸡要保护好小鸡，小鸡要保护好尾巴。

（四）注意事项

（1）游戏时注意避免身体直接碰撞，不能拉或推对方，注意安全。

（2）若器材长时间不使用则要洗净晾干，放在干燥、通风的地方，以免潮湿发霉或损坏。

五十八、反转杯

反转杯是发展灵敏素质及速度素质的一种辅助器材，它由环保 PE 材料制成，具有颜色鲜艳、轻巧便携、趣味性强等特点。

（一）器材介绍

1. 器材构成

反转杯由环保 PE 材料制成，其为颜色不一的蓝红双色拼接的圆柱体，两头粗、中间细。（图 58-1）

2. 主要特征

反转杯材质无毒无味，环保安全，使用方便，双色拼接，颜色亮丽，新颖有趣，适合平面场地使用，对发展学生的身体感知能力及手眼协调能力有很大的帮助。

图 58-1

3. 适用范围

适用于中小学生进行各种灵敏类、速度类的游戏比赛。

（二）使用方法

在地上摆放若干反转杯，蓝色、红色面朝上的各占一半，学生分成同等人数的两组，将 1 个散落在地上的反转杯翻转成自己组的颜色得 1 分，游戏结束后看哪组得分高。

（三）拓展运用

1. 百变造型

学生平均分为 4 组，每人持 1 个反转杯，听到开始信号后，每组出发一人，到达标志处，将反转杯摆放后返回，与下一名组员击掌接力。反转杯全部摆放完毕即结束，看哪组摆放设计的造型最有创意。

2. 作保龄球

学生将 10 个反转杯按每排 1、2、3、4 的数量摆成三角形，用实心球、垒球、网球等滚向反转杯，击倒的反转杯数量多者获胜。

3. 作标志点

反转杯小巧稳固，双色拼接，颜色醒目，适合作为教学中的标志点。例如，反转杯可以在三级跳远、跳远、跳高等练习中作为起步点、起跳点等。

4. 作障碍物

将反转杯立放，作为足球、篮球场上的 S 形绕杆或变向练习的障碍物，根据练习的需要，可以随时调整摆放间距；反转杯还可作为奔跑和跳跃结合练习中的障碍物。

5. 齐心协力

选择相距 25m 左右的场地，一端为起跑线，另一端垂直摆放 4 组 8 个蓝色面朝上的反转杯。学生分为 4 组在起跑线后站好并排好序，听到开始信号后，每组 1 号率先出发，用手旋转翻过一个反转杯即可返回接力。反转杯必须全部翻至红色面朝上，且垂直于地面。成功翻转 8 个杯子且返回终点即完成，按计时成绩排出名次。

（四）注意事项

存放时避免高温和暴晒，若长期不使用，可用软布擦拭后放于阴凉处。

五十九、软式回旋镖

软式回旋镖是在专业的木质回旋镖的基础上创新出的一款器材，具有色彩鲜艳、方便携带、安全系数高、使用不受场地限制等特点。软式回旋镖是一款技巧玩具，在运动时可以根据出手角度、风速等因素产生多种变化，既可以激发学生的运动兴趣，也有助于提高学生的思考判断能力。

（一）器材介绍

1.器材构成

软式回旋镖一般由 EVA 环保发泡塑料制作而成，有 V 款、三叶款和四叶款三种款式，长度有20cm和30cm两种，有多种颜色，色彩鲜艳。（图 59-1）

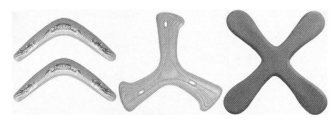

图 59-1

2.主要特征

软式回旋镖材质柔软，具有良好的缓冲、抗震、隔热、防潮等特点，安全系数高，轻便易携带，使用不受场地限制。

3.适用范围

适用于各个年龄段的人群，特别是中小学生，可以激发他们的运动兴趣。

（二）使用方法

学生目视前方，手持软式回旋镖的一支扇叶并竖起，用拇指、食指和中指握住，运用手腕力量，向自己面部斜上方35°～45°方向旋转掷出，待软式回旋镖往回飞时，一手手心向上，一手手心向下，双掌平行相对，合掌接住软式回旋镖。

（三）拓展运用

1.飞去飞来

在地上画一个直径50cm左右的圆圈，学生站在圈内，将软式回旋镖掷出，并接住飞回来的软式回旋镖。在这个过程中人不能离开圈，在规定的圈内接到软式回旋镖得分，没有接到则不得分，可以进行个人赛，也可以进行团队赛。

2. 黄金搭档

两名学生背对背相距 1 ~ 3m 站立，各自掷出手中的软式回旋镖，立即互换位置接住飞回来的软式回旋镖，看哪组搭档抛接成功次数最多。还可以增加难度，要求两人互换位置后，必须站在原搭档的位置上，不能移动脚步去接飞回来的软式回旋镖。

（四）注意事项

（1）为了安全，新手不要去接骤降、急速、高于胸部的软式回旋镖。

（2）软式回旋镖由 EVA 环保发泡塑料制成，若长时间使用，不加以爱护，容易损坏，教师应提醒学生在使用过程中不要拉扯、扒抠软式回旋镖，若出现断裂，可用 PVC 胶水固定后再使用。

（3）存放时避免高温和暴晒，若长期不使用，可用软布擦拭后放于阴凉处。

六十、彩虹隧道

彩虹隧道又叫时光隧道，是由塑料、金属或牛津布和记忆钢丝构成的隧道。学生进入隧道爬行，可以发展身体协调性，调节前庭感觉；进出隧道时，光、声的改变还可以刺激学生的视觉和听觉。彩虹隧道是一种训练触觉与运动觉的专业器材，对于感统训练、注意力训练、精细动作训练的效果明显。

（一）器材介绍

1. 器材构成

彩虹隧道由塑料、金属或牛津布和记忆钢丝构成，颜色多种；单条隧道长约180cm，洞口直径约46cm，多条隧道可进行拼接，组成大型隧道。（图 60-1）

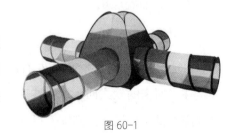

图 60-1

2. 主要特征

彩虹隧道色彩鲜艳，结构新颖，对技术动作的要求较低，趣味性强；采用环保塑料，安全系数高；使用不受时间和场地限制，组装和拆卸方便，轻便易携带。

3. 适用范围

适用于幼儿和中小学生，主要用于感统训练。特别适用于本体感不佳、触觉敏感或迟钝的学生。

（二）使用方法

1. 隧道爬行

学生在彩虹隧道的一端，教师在彩虹隧道的另一端，鼓励学生通过彩虹隧道爬向教师。

2. 袋鼠跳

将彩虹隧道立起，学生站在彩虹隧道中，露出头与手，双手抓住彩虹隧道的边缘，从起点出发，用力向前跳跃，也可以采用单脚跳、快走或跑的形式到达终点。

3. 推土机

学生从起点到终点，推着彩虹隧道向前滚动。

4. 轻物投准

学生分组将轻物用力投掷进立起的彩虹隧道，投中数量多的组获胜。

5. 障碍物钻洞

可以将一些安全的障碍物，如枕头或毛巾，放到彩虹隧道中，学生以顺着或倒着的方式从一端爬进，从另一端爬出，进行在不同触觉刺激下钻爬彩虹隧道的身体活动。

6. 躲猫猫

将彩虹隧道立起，学生站在彩虹隧道中，做蹲起运动的同时观察周围事物。

这个游戏能够发展学生的空间感。

7. 穿梭时光机

学生分成若干组,各组手拉手围成一个大圆圈,每人依次将彩虹隧道从头顶套入,沿着肢体由脚下穿出,最先完成的组获胜。学生熟悉游戏后可拿多个彩虹隧道同时进行。

(三)注意事项

彩虹隧道收纳时避免接触尖锐物体,防止被刮坏。

六十一、手抛降落伞

手抛降落伞是利用人力将仿真降落伞抛向天空,降落伞在伞面打开后会缓慢下降。该活动可提高学生的灵活性和动手能力,让学生感知物理学空气阻力,在很大程度上满足了学生爱运动、爱快乐、向往蓝天、向往飞翔的心理需求。

(一)器材介绍

1. 器材构成

手抛降落伞的材料主要为高密度涤纶布和网纱,由伞面、伞绳、伞球(包括顶盖和底盖)和尾带(长短各一条)四部分构成(图61-1)。伞面直径有 50cm、60cm、70cm、80cm、90cm、100cm 等尺寸,伞布有多种颜色。

图61-1

2. 主要特征

手抛降落伞结实耐用，便于携带，安全性高。

3. 适用范围

适用于中小学生，主要用于多种抛接游戏。

（二）使用方法

1. 收伞

（1）一只手拎着手抛降落伞伞面中心点的顶盖，将伞拉直（图61-2），另一只手抓住下方的伞布旋转半圈后（图61-3），按进顶盖里，然后将剩下的伞布来回折叠装进顶盖里（图61-4）。

（2）一只手抓顶盖，另一只手抓底盖，顶盖在上，将伞绳放进下面的底盖里（图61-5），然后两个盖子合起来，形成一个球体。

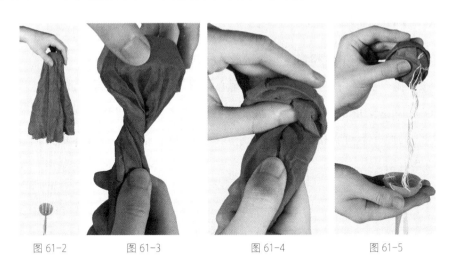

图61-2　　　　　图61-3　　　　　图61-4　　　　　图61-5

（3）用短尾带在伞球表面沿直径用力绕三圈（图61-6），然后将剩余短尾带和长尾带交叉拧三圈（图61-7）。

2. 抛伞（以右手抛伞为例）

（1）右手抓住长尾带的末端上提，左手握住伞球前举，将长尾带拉直。（图61-8）

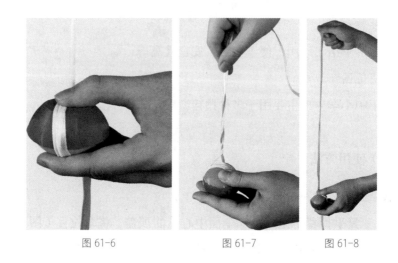

图 61-6　　　　　　　图 61-7　　　　　图 61-8

（2）左手松开伞球，伞球自然下落后摆，当伞球由后向前回摆时，右手择机把伞球甩上天空，降落伞在空中自动打开，缓缓降落。

（三）注意事项

（1）收伞时，伞面和伞绳要全部放入伞球内。

（2）抛伞需要一定技巧，新手先耐心学习收伞技巧后，再尝试抛伞。

（3）降落伞落地时，可能出现底盖翻滚穿过伞绳，导致伞绳缠绕影响下一次使用。为此，不可直接调整尾带来解开缠绕伞绳，而是根据尾带的方向，让底盖沿原路返回。

六十二、跳跳球（杆）

跳跳球（杆）是一种集娱乐、健身于一体的器材，该器材根据作用力与反作用力的原理使球（杆）上下弹动起来。其外观设计新颖，使用起来方便有趣，可以提高学生的身体协调性与平衡性，同时锻炼学生的心肺能力。

（一）器材介绍

1. 器材构成

跳跳球的样式有两种：一种是由防滑踏板和耐磨球体构成的无手柄款（图62-1）；另一种是由踏板、球体、弹力拉绳和防滑扶手构成的手柄款（图62-2）。跳跳杆由扶手、竖管、弹簧套、伸缩管、弹簧和踏板构成（图62-3）。

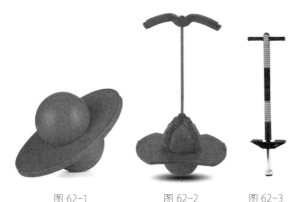

图62-1　　　　图62-2　　　　图62-3

2. 主要特征

跳跳球（杆）结构简单，使用方便，色彩丰富，耐磨防滑，承重力强，安全稳固，简单易学，不受场地限制，可以随时随地使用。

3. 适用范围

适用于各个年龄段的人群，特别是中小学生，主要用于激发学生的运动能力，提高学生的身体协调性和平衡性。

（二）使用方法

1. 原地跳

学生站在跳跳球（杆）上，保持身体平衡，原地连续弹跳，锻炼大腿力量。（图62-4）

2. 两点跳

学生站在跳跳球（杆）上，保持身体平衡，前后或左右交叉跳动，锻炼大腿及腰部力量。

图62-4

3. 直线跳

学生站在跳跳球（杆）上，保持身体平衡，在安全的场地上直线向前或向左（右）连续跳跃前进，锻炼全身力量，发展身体协调性。

4. 定点跳

在场地上画若干大小合适的圆圈，学生站在跳跳球（杆）上，只能在圈内跳，不能跳出圈外，看谁跳得又稳又准。

5. 接力跳

学生分成若干组，每组人数均等，进行面对面接力跳，途中若脚落地，则须在落地点重新上跳跳球（杆）继续弹跳前进，看哪组先完成。

（三）注意事项

（1）教师提醒学生一定要在平整的场地上使用跳跳球（杆）。

（2）无手柄款的跳跳球建议跳起高度不超过 5cm，从而确保安全。

（3）教师提醒学生勿尝试任何危险动作，使用时两脚夹紧跳跳球（杆）体，防止脱落。

（4）使用跳跳球（杆）前，要检查器材。初学跳跳球（杆）时，要有人在一旁保护与帮助。

六十三、同心鼓

同心鼓主要用于击鼓颠球活动，该活动又叫同心击鼓、鼓舞飞扬或动感颠球，是一个以团队挑战为主的活动，可以锻炼团队的协作能力，增进团队成员间彼此的友谊和信任，增强团队的凝聚力和集体荣誉感，是让人喜爱的一项体育活动。

（一）器材介绍

1. 器材构成

同心鼓（图 63-1）采用牛皮鼓面、杨木鼓身，鼓的侧边均匀设置金属拉环，拉环上系有长度相同的绳子若干，拉手采用 PVC 透明软管保护，活

图 63-1

动时不伤手。同心鼓有多种规格，分为常规同心鼓系列和百人战鼓系列。常规同心鼓系列：鼓的直径为 33 ～ 40cm，厚 8 ～ 20cm，有 8 ～ 20 根 2 ～ 3m 长的拉绳；百人战鼓系列：鼓的直径为 46 ～ 80cm，厚 25 ～ 36cm，有 20 ～ 40 根 4 ～ 8m 长的拉绳。

2. 主要特征

同心鼓颜色丰富，结构简单，结实耐用，设计合理，使用安全，趣味性强，活动不受场地限制。

3. 适合范围

适用于各个年龄段的人群，特别是中小学生，主要用于培养团结协作精神和集体荣誉感。

（二）使用方法

同心鼓游戏是一项多人协作的游戏，每组 8 ～ 20 人，游戏开始，每人牵拉一根或两根鼓边上的绳子将鼓拉起来，保证鼓面水平。根据难度，各组自荐一人做放球人，将一个排球或网球从鼓面中心上方垂直落下，组员齐心协力使鼓有节奏地、平稳地将球连续颠起，球颠起的高度不低于 20cm。颠球过程中若球落到鼓面以外的地方则重新开始计数，比一比哪个小组连续颠球次数最多。（图 63-2）

图 63-2

（三）注意事项

（1）游戏时，学生要拉直绳子，保持鼓面水平，尽量使球落向鼓面的方向，并且下落轨迹要与鼓面垂直，以免球的方向失控。

（2）随球移动鼓面时，学生要用力拉绳，并一起拉动鼓面平移。

（3）湿度对于鼓的影响是非常大的，一定要避免鼓皮被雨淋湿，倘若被雨淋湿，要及时用吹风机远距离吹干。

（4）应避免尖锐物件碰击鼓面，以免造成鼓皮破损。

（5）不要把重物或杂物放在鼓面上，避免对鼓面造成损害或者污染鼓面。

六十四、滚筒

滚筒是近几年出现的比较新颖的体育器材，其形状为空心圆柱形，一般是用 PC（聚碳酸酯）材料制成的，具有突出的抗击能力，可承重 200kg，且耐热无毒，使用方法多样，适用于小学生，可以锻炼其平衡能力、反应速度和身体协调能力等。

（一）器材介绍

1. 器材构成

滚筒的材质一般是 PC 材料，该材料是一种性能优良的热塑料性工程塑料，抗击耐磨，可承重 200kg。滚筒的直径为 40 ~ 80cm，长度有 60cm、90cm、120cm 等几种，厚度为 12 ~ 15mm，一般为白色或黑色，可以进行涂鸦装饰。（图 64-1）

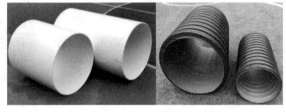

图 64-1

2. 主要特征

滚筒承重大，耐热无毒，耐用安全，表面和内壁圆滑，稳固结实。

3. 适用范围

适用于小学生。

（二）使用方法

1. 无敌风火轮

学生可以爬到滚筒的上面，保持站立姿势，像脚踩风火轮一样，在滚筒上走动起来，注意保持身体平衡。（图64-2）

图 64-2

2. 你推我滚

滚筒作为具有一定重量的圆柱形物体，学生可以一人平躺在滚筒内，另一人在滚筒外向前推动滚筒，滚筒内的人随着直体滚动。（图64-3）

3. 小猪打滚

滚筒内部直径较大，学生可以坐或躺在滚筒内，手脚协调发力，左右晃动滚筒。

4. 钻山洞

将一个或若干个滚筒首尾相接作山洞，学生依次从滚筒内钻过。（图64-4）

5. 动力前滚

根据滚筒的大小及长度，1～3名学生蹲坐在滚筒内或趴在滚筒内，然后手脚并用让滚筒向前滚动。（图64-5）

图 64-3　　　　　　　图 64-4　　　　　　　图 64-5

（三）拓展运用

1. 滚筒投篮

学生站在滚筒上投篮，在投篮的同时需要在滚筒上保持平衡。学生在注意投篮准度的同时，也需要注意身体的平衡，以此提高身体的协调能力。

2. 滚筒接力赛

设置一段赛道，学生进行滚筒接力赛。比赛过程中，学生需要掌握推动滚筒的方向，不能偏航，还需要队友之间的团结协作。这个游戏可以锻炼学生团结协作的能力，提高其全身力量水平，提升其发力的准确性。

3. 打地鼠

将若干个滚筒立放在地面上作地鼠洞，学生（作地鼠）站在滚筒内。打地鼠人手持软棒开始击打地鼠，地鼠马上下蹲缩在洞内不被打到，然后边观察边站起来。大家轮流作打地鼠人，看谁在规定时间内打到地鼠的次数最多。（图 64-6）

图 64-6

4. 作目标筒

将滚筒立放在地面上，作为目标筒，学生站在离滚筒适宜距离处的限制线后，向滚筒内进行投掷、抛射、垫球等练习。

5. 安全基地

学生先在场地内自由跑跳活动，听到警报声后，在规定时间内（5～10s），快速爬入滚筒内，或利用滚筒作为障碍快速移动，躲避教师的抓捕。这个游戏可以提升学生的反应能力、攀爬能力和变向能力。

6. 小战士训练营

竖向和横向摆放滚筒，设计一条前进线路，学生需要匍匐穿过滚筒，或者爬过滚筒，模拟战士训练。这个游戏可以增强学生的体能，锻炼学生的反应能力。

（四）注意事项

（1）由于滚筒具有一定的高度，在上筒时要注意帮扶，避免摔伤。

（2）在推动、滚动滚筒的过程中，一定要注意周边环境，避免碰撞。

第四部分　软式器材类

六十五、软式标枪

软式标枪由枪头、枪身、枪尾三部分构成，具有色彩鲜艳、使用轻便、安全系数高、技术动作要求低、不受场地限制等特点，能较好地代替金属标枪或竹制标枪用于投掷教学和游戏，能极大地提高学生对标枪运动的兴趣。

（一）器材介绍

1. 器材构成

软式标枪（图65-1）由枪头、枪身和枪尾三部分构成，采用环保塑料泡沫材料制作而成，枪头采用圆形设计，枪身中有加重设计，枪尾由三片尾翼构成，形似一款小火箭。软式标枪长 80 ~ 110cm，直径约 5cm，重量为 100 ~ 150g。

图 65-1

2. 主要特征

软式标枪柔软有韧性，安全系数高，不受场地限制，设计精美，色彩鲜艳，对技术动作的要求较低，趣味性强。

3. 适用范围

适用于各个年龄段的人群，特别是中小学生，主要用于标枪运动，作为投掷器材使用。

（二）使用方法

1. 代替金属标枪或竹制标枪

金属标枪或竹制标枪在投掷时存在一定的安全隐患，多数校级运动会取消了标枪项目。在标枪项目教学、练习及学校运动会比赛中采用软式标枪代替金属标枪或竹制标枪，能极大地降低该项运动的危险性。（图65-2）

图 65-2

2. 投准游戏

在规定距离以外，将软式标枪投向标志筒；或者凌空设置空心的标志圈，将软式标枪作为飞镖投掷。投中标志筒或穿过标志圈都计1分，每人投掷规定次数，最后以总分判定输赢。

3. 灵敏性练习

多人一组围成圆圈，间隔适当距离，每人手臂侧平举，持一根软式标枪，枪头朝地，听到指令后，所有人同时放手，顺时针或逆时针去抓下一名同学的软式标枪，要求在软式标枪倒地前抓住。

4. 作标志物

软式标枪可作为障碍物进行绕、跳、跨等练习，也可作为限制物使用，如分界线（点），还可作为目标物进行投准练习。

（三）注意事项

（1）软式标枪由环保塑料泡沫制成，若长时间使用，不加爱护，容易损坏，因此，教师应提醒学生在使用过程中不要拉扯、扒抠枪体和尾翼等部位。若发生部分脱落，可用PVC胶水固定后再使用。

（2）软式标枪虽然轻便易投，但在一定力量下飞行速度快、力量大，因而教师组织学生进行投掷练习时，应设定安全范围，且提醒学生不要去接飞行中的标枪，避免发生伤害。

六十六、篮球、足球充气假人

篮球、足球充气假人是一种圆柱形充气器材，由环保塑料制成，具有使用方便、灵活多用等特点，可以模拟防守队员或者掩护队员，用于篮球和足球训练，提高进攻队员对防守情境的感知和决策能力。

（一）器材介绍

1. 器材构成

篮球、足球充气假人一般由底座和人形的圆柱体两部分构成，采用环保塑料制作而成，高 155 ～ 180cm，直径约 50cm，重量约 5kg。（图 66-1）

2. 主要特征

图 66-1

篮球、足球充气假人外观无棱角，安全系数高；易收纳，不易破；可注水增加底部重量，避免倾倒。

3. 适用范围

适用于中小学生，可在篮球、足球训练中结合训练内容，进行过人、对抗和战术练习。

（二）使用方法

1. 过人练习

教师将充气假人放在篮球场或者足球场指定位置，要求学生带球后快速突破充气假人，培养学生对技术动作的运用能力。（图 66-2）

2. 对抗练习

教师将充气假人放在篮球场或者足球场指

图 66-2

定位置，要求学生带球和充气假人对抗后再突破，培养学生的对抗能力。

3. 战术练习

教师将充气假人放在篮球场或者足球场指定位置，要求学生快速带球绕过充气假人，模拟挡拆或者掩护等情况，或熟悉跑动的路线等。（图66-3）

图 66-3

（三）拓展运用

1. 你追我挡

场地内放置多个充气假人，学生一对一进行抓人游戏，一人逃一人抓，在游戏中学生需要快速绕过充气假人，培养学生的快速奔跑能力和反应能力。

2. 作简易球门

将2个充气假人间隔1～5m放置，变成一个简易足球门，学生进行射门练习或比赛。

3. 抱人接力

学生平均分成若干组，成纵队站于起点线后，发令后，第一人两手抱着一个充气假人向前跑，绕过前方的标志物返回起点，将充气假人交给第二人，然后第二人用同样的方法跑出，依次进行，以每组最后一人完成先后排名次。

4. 校园造型艺术

可以将充气假人摆放在校园绿化带或边角地带，使其变为校园里的独特造型艺术，成为校园一道亮丽的风景线。

（四）注意事项

使用充气假人时应避免接触尖锐物品和过度挤压，以延长器材使用寿命。

六十七、充气跨栏

充气跨栏由加厚的 PVC 夹网布制成，较为轻便，安全系数较高，趣味性强，可用于跨越、跳跃及钻越障碍等练习。充气跨栏色彩鲜艳的外表容易吸引学生的注意力，从而提高学生参与运动的积极性。

（一）器材介绍

1. 器材构成

充气跨栏由加厚的 PVC 夹网布制成，充气后外形似跨栏架。其各部分由不同颜色的圆柱体通过高温热熔而成，一般由 3 ~ 5 个栏架拼接为一体，长 4 ~ 6m，宽约 2m，高约 0.8m。（图 67-1）

图 67-1

2. 主要特征

充气跨栏重量较轻，收放自如，携带方便；柔软有韧性，安全系数较高；外表颜色多样，色彩鲜艳，且对动作的要求较低，能帮助学生克服对跨栏架的恐惧心理，提高其运动兴趣。

3. 适用范围

适用于中小学生，主要锻炼其攀爬和跨越能力，也适用于团队素质拓展活动。

（二）使用方法

1. 跨越练习

充气跨栏可以单独作为简易跨栏架使用，也可以结合平衡木、鱼跃龙门等器材组合使用。

2. 跳跃练习

充气跨栏可用于学生的日常跳跃练习，锻炼学生的跳跃能力。其材质安全系数较高，极大地减少了学生的恐惧心理，能提高学生参与运动的积极性。

3. 钻越障碍

利用充气跨栏自身携带的上下横档，教师组织学生从上下横档的中间钻越通过，锻炼学生的爬行能力。

（三）注意事项

（1）器材由 PVC 夹网布充气制成，应在较为平整或柔软的场地环境中使用，避免因场地不平整致使其漏气。

（2）使用过程中，应避免对器材产生刮擦，致使其漏气。

（3）器材使用完毕，应放气折叠收纳整齐，不科学的折叠会使器材连接处出现漏气现象。

六十八、大骰子

大骰子为正六面体，各个面上分别刻有 1 ~ 6 个点（洞），一般采用实心泡沫制成，也有充气款和海绵填充缝制款。大骰子与日常使用的骰子外观一致，具有体积大、质量轻、色彩鲜艳等特点，可用于活跃课堂氛围，也可在团建游戏中使用，趣味性强。

（一）器材介绍

1. 器材构成

大骰子（图 68-1）为正六面体，一般采用实心泡沫制成，也有充气款和海绵填充缝制款，是传统骰子的加大版，轻便安全，色彩鲜艳，有多种规格，体积大小不一，一般边长为 20 ～ 60cm。

图 68-1

2. 主要特征

大骰子具有耐摔、弹性好、安全系数高、轻便易携带、色彩鲜艳、可个性定制、不受场地限制等特点。

3. 适用范围

适用于中小学生。

（二）使用方法

将大骰子向空中抛出，落地后，读取最上方的点数，根据游戏规则比大小或确定先后顺序。

（三）拓展运用

1. 看奇偶

学生分为两组：一组代表奇数，另一组代表偶数。教师或者学生代表投掷一次，掷出的点数（奇、偶）所对应的小组做指定动作或表演。

2. 人对点数

全班 1 ～ 6 报数，学生所报数字即其点数，教师投掷点数，对应点数的学生做指定动作。

3. 空白骰子

在空白骰子的每一面写上不同任务，可以根据不同的场景设置不同的任务内容。例如，6个面上分别写上对应的体能动作（如俯卧撑15个、纵跳30次、高抬腿30s等），学生完成自己投掷到的练习内容，以此激发学生锻炼的积极性和自觉性。（图68-2）

图68-2

（四）注意事项

（1）游戏时，应尽量选择平坦、没有杂物的场地。

（2）存放时，不要把重物或杂物放在骰子上，避免骰子受压变形或者污染骰子。

（3）使用充气骰子时，地面上不要有尖锐物品，以免戳破其表面而影响使用。

六十九、软式铅球

软式铅球，也叫软式实心球，是传统铅球和实心球的延伸，其外胆由环保柔韧防滑的 PVC 材料制成，内部用石英砂填充，可充气。其球体较软且有弹性，安全性较高。

（一）器材介绍

1. 器材构成

软式铅球，又称软式实心球，其外胆为环保柔韧防滑 PVC 材质，具有弹性，

抗摔打；内填石英砂，可充气。软式铅球有多种规格，常规重量有 1 ~ 4kg，也可定制。（图 69-1）

图 69-1

2. 主要特征

软式铅球色彩鲜艳，整体柔软，具有弹性，耐用安全，操作简单方便。

3. 适用范围

适用于中小学生，主要用于上肢、腰腹的各种辅助练习。

（二）使用方法

1. 实心球投掷

用软式铅球来代替传统硬式实心球进行原地双手头上前掷实心球、双手后抛实心球的练习和比赛。

2. 铅球投掷

用软式铅球代替传统铅球进行原地推铅球、原地侧向推铅球、背向滑步推铅球、双手后抛铅球的练习和比赛。

（三）拓展运用

1. 作标志物

软式铅球颜色多样，鲜艳夺目，具有一定的重量，可作为标志物，用于跨、跳、绕等练习，也可以用作跑步训练中的起、终点。

2. 力量性辅助

可以左右手交替抓球，练习握力；可以双手持球前平举，练习臂力；可以双手持球于脑后，练习仰卧起坐，提升腰腹力量。

3. 投准练习

可采用单手、双手和地滚等方式，将球投或滚至相应的得分区，得分多者获胜。

4.代替其他球类

软式铅球可以代替其他球类进行辅助性练习，如篮球拨球练习、保龄球游戏等。

（四）注意事项

（1）尽管软式铅球外表较为柔软，但在投掷的过程中其具有一定的速度和动能，教师要提醒学生在练习过程中统一听指挥，不可随意扔抛。

（2）软式铅球为PVC材质充气而成，外表较柔软，教师要提醒学生在使用过程中不要用尖锐物品刺、划球体，球体破损后不可修复，不使用时应妥善放置。

七十、软式棒球

软式棒球的主要器材包括球棒、棒球和支架，器材质地柔软，安全系数高，深受学生喜爱。

（一）器材介绍

1.器材构成

软式棒球的主要器材包括球棒、棒球和支架。其中，球棒长约70cm，净重约280g，采用圆柱形设计，大头直径约5cm，棒芯为PVC管，外层采用EVA泡棉包裹；棒球直径7.2cm，净重约150g，填充发泡橡胶，微弹，手工缝制。（图70-1）

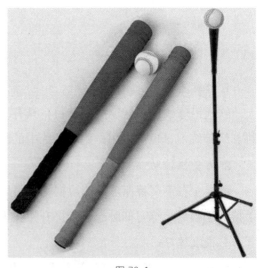

图70-1

2. 主要特征

软式棒球器材质地柔软，安全系数高。

3. 适用范围

适用于各个年龄段的人群，特别是中小学生，适合在校园内开展趣味活动，让学生体会棒球项目的乐趣。

（二）使用方法

将棒球放在三角支架顶端，学生双手握球棒，侧对出球方向，瞄准后，用力挥球棒将球击出，争取完成进垒、得分。（图70-2）

图70-2

（三）拓展运用

1. 棒球打靶

在规定距离外，面朝空旷的场地，放置自制射箭环数牌，环数牌上的圆圈大小可随距离调节，学生站在标志线后，以打棒球的方式将球击出。击中靶心得10分，由靶心每向外一环递减1分，击出圈外不得分。可以一对一对抗；也可以团体作战，得分相加高者胜。

2. 掷远比赛

软式棒球的球体由手工缝制，微弹，类似于垒球，可以进行掷远比赛。

3. 脚颠球练习

将绳子固定在棒球适宜位置，使其落于脚面或大腿面上，进行单脚颠球、左右脚交替颠球、大腿颠球等练习；还可以进行脚内侧踢毽子式练习。

4. 夹棒球比远

学生双脚内侧夹住棒球，站在线后，然后双脚跳起，用收腹向前摆腿的力量将球掷出，根据夹掷的距离排定名次。

5. 取礼物

学生分成两队，将若干礼物（棒球）放在对面，每队第一人开始，跑至对面，两脚夹一个球跳回，与第二人击掌，第二人出发去取礼物，以此类推，在规定时间内看哪队获取的礼物最多。

（四）注意事项

（1）练习时应选择空旷的场地，并且确保出球方向无人，避免意外发生。

（2）软式棒球材质虽较为柔软，但也不能朝同伴抛掷。

（3）教师要提醒学生爱护器材，器材使用后应置于通风阴凉处，避免暴晒导致其老化。

七十一、软式组合跳箱

软式组合跳箱由 4 块不同尺寸的跳箱构成，跳箱外部由环保 PVC 防滑防撕裂夹网布制成，内由 EPE 填充。巧用软式组合跳箱作为教具，可设计出丰富有趣的练习，提高学生的练习兴趣。

（一）器材介绍

1. 器材构成

软式组合跳箱由 4 块不同尺寸的跳箱构成（图 71-1），跳箱外部由环保 PVC 防滑防撕裂夹网布制成，内由 EPE 填充，重约 25kg。4 块跳箱的尺寸分别为 90cm×75cm×15cm、90cm×75cm×30cm、90cm×75cm×45cm、90cm×75cm×60cm，可配红、蓝、绿、黑等多种颜色。

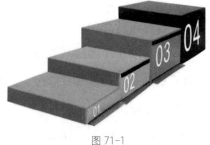

图 71-1

2. 主要特征

软式组合跳箱材质柔软，重量适中，结实耐用，安全系数高，通过组合可以满足不同水平的学生使用。

3. 适用范围

适用于中小学生，可以进行弹跳、支撑等练习。

（二）使用方法

根据练习需要，可将 4 块跳箱单独使用，进行各种跳跃、支撑练习或组合练习，也可借助每块跳箱四周自带的强力魔术贴进行多块组合垒高，用于各种跳跃、翻爬等练习。

1. 在跳跃练习中的运用

（1）连续跳上跳下单个跳箱。

学生选择适合自己水平的跳箱，两脚分开与肩同宽，站在箱子前，练习时，跳上箱子，然后跳下至起始位置，重复以上动作，成功后进行下一高度的练习。（图 71-2）

图 71-2

练习提示：学生熟练掌握连续跳上跳下单个跳箱后，可以进行升级挑战，尝试连续跳上跳下多个跳箱。练习前要做好准备活动。

（2）组合不同高度挑战。

选择多个不同高度的跳箱进行组合摆放，学生站在第一个箱子前，向上跳上箱子再跳下，然后继续跳上第二个跳箱，依次通过多个不同高度的跳箱。（图71-3）

图71-3

练习提示：教师应循序渐进地增加跳箱高度，帮助学生逐步提高跳跃能力；开始练习时应追求动作的连贯性和正确性，并做好保护与帮助。

（3）跑跳混合练习。

教师提前摆放好标志盘、敏捷栏、软式跳箱、标志杆，学生手持标志盘依次进行绕标志盘、跨敏捷栏、跳上跳下跳箱等动作，之后绕标志杆跑，将标志盘放到最后一根标志杆上即完成练习。（图71-4）

图71-4

练习提示：教师合理设置各个器材间的距离和跳箱高度，形成由易到难、循序渐进的递进关系，设计要符合学生的运动能力。练习时，先组织学生进行分组练习和体验，然后组织学生进行组合练习。等学生熟练动作后，组织学生进行比赛，比比谁的速度快。比赛中，要求学生遵守比赛规则，培养学生的规则意识。

2.在力量练习中的运用

（1）互推跳箱。

根据学生能力，选择合适大小的跳箱。学生两人一组面对面站立，两手撑于跳箱的上棱边做登山跑准备姿势，两人正后方3m处分别设置标志线。练习开始，两人同时蹬地，腰部发力，向前推动跳箱，直至将对方推出标志线（图71-5）。还可以通过两人背靠背同时抵住跳箱（图71-6）、两人面对面两臂抱起跳箱（图71-7）进行对抗练习。

图71-5　　　　　　　　　图71-6　　　　　　　　　图71-7

练习提示：教师要提醒学生尽量将身体重心降低，以保持身体的稳定性。练习前要检查地面，防止学生蹬地时滑倒。分组时将能力相当的两人分在一组，提升对抗性。

（2）攀登山峰。

教师将4个跳箱间隔摆放。练习时，学生两手支撑在跳箱上，两脚位于白线外，或两脚脚尖支撑在跳箱上，两手位于白线外，横向爬行，不断爬上和爬下跳箱。完成后慢跑返回，循环练习。（图71-8）

图71-8

练习提示：教师要提醒学生有序练习，避免推挤和摔倒，保证安全。

（三）注意事项

（1）跳箱表面由PVC防滑防撕裂夹网布制成，应避免用坚硬、尖锐的物体刻划，以免损坏其表层。

（2）在多块跳箱组合垒高时，为防止箱体翻倒，确保安全，一定要扣紧强力魔术贴，并做好保护工作；若叠垒过高，需安排人员在跳箱两侧扶持。

七十二、软体平衡木

软体平衡木内部为木框架，外部由环保PVC革制成，大大增强了练习的安全性，且具有结实耐用、柔软舒适的特点，主要用于锻炼学生的平衡能力、手眼协调能力和上下肢力量。

（一）器材介绍

1. 器材构成

软体平衡木内部为木框架，外部由环保PVC革制成，有红、黄、蓝三种颜色，有150cm×30cm×30cm、200cm×30cm×30cm、300cm×30cm×30cm三种尺寸，可以满足练习者的不同需求。（图72-1）

2. 主要特征

软体平衡木材质柔软，安全性高，色彩亮丽，结实耐用，有韧性，高度、宽度适宜，便于进行多种平衡性练习。

图72-1

3. 适用范围

适用于中小学生，主要用于发展学生的平衡、协调、力量等身体素质。

（二）使用方法

1. 平衡性练习

学生站于软体平衡木上，两手水平打开，从软体平衡木的一端走到另一端。

2. 手眼协调练习

在软体平衡木上等距离放置一定数量的标志盘，两侧放置一定数量的标志筒，学生站于软体平衡木上。练习开始，学生从软体平衡木的一端走到另一端，并将软体平衡木上的标志盘放在最近的标志筒上。

3. 下肢力量练习

（1）侧向移动。

学生站在软体平衡木一端，身体侧对软体平衡木，练习开始，身体横向移动，从软体平衡木的一端走到另一端。

（2）变向团身跳。

学生站在软体平衡木一侧，身体侧对软体平衡木，练习开始，两脚同时蹬地，团身跳起越过软体平衡木，落地后以同样的方式跳回，如此循环。

4. 上肢力量练习

学生两手撑于软体平衡木上或两脚落于软体平衡木上，进行高位或低位的俯卧撑练习。

（三）注意事项

在软体平衡木上练习时，要做好保护工作，最好选择稍软的地面，或者在下方铺上小体操垫。

七十三、接力环

接力环也称体操环，具有抓握灵活、安全等特点，在实际教学和比赛中容易传递、趣味性强，既简化了传递技术，又有利于稳定地传递交接，特别适合中小学生在接力比赛中使用。

（一）器材介绍

1. 器材构成

接力环有两种规格：一种是硬式塑料材质款，另一种是软式可充气款。其直径皆为 10 ～ 20cm。（图 73-1）

2. 主要特征

接力环是环形结构，方便抓握，有多种颜色，采用防滑设计，不易脱手。

3. 适用范围

适用于中小学生，一般用于接力教学及比赛。

图 73-1

（二）使用方法

接力环主要作为接力比赛中的传递器材使用（图 73-2），还可作为体操器械、投掷物、连接物等使用。

（三）注意事项

充气款接力环在使用或者存放时应

图 73-2

避免接触尖锐物体，防止其被扎破漏气。

七十四、软式飞盘

传统的飞盘一般由塑料制成，硬度和飞行效果较好。但是，塑料飞盘的硬度较高，练习时存在一定的安全隐患。而用硅胶、塑胶等材料制成的软式飞盘，材质柔软，安全性较高。

（一）器材介绍

1. 器材构成

软式飞盘（图74-1）由硅胶、塑胶等材料制成，圆形结构，直径为20 ~ 30cm，有多种颜色。

图 74-1

2. 主要特征

软式飞盘有多种颜色，色彩亮丽，材质柔软，耐摔耐用，方便抓握。

3. 适用范围

适用于中小学生。

（二）使用方法

1. 互掷互接
学生两人及以上，相距一定距离进行互掷互接练习。

2. 穿越圆圈
在离地面一定高度处放置或悬挂圆圈作为目标，在距离目标一定距离处画一条投掷线，学生站于投掷线外进行投掷，最后穿过圆圈的飞盘数量多者胜出。

3. 打靶
在桌椅或地面上放置塑料瓶等物体作为标靶（也可用跳高架、排球立柱、篮球架作为标靶），学生站于一定距离外用飞盘击打目标靶，击倒或击中数量多者胜出。

4. 躲避赛
在场地上画一个直径约 10m 的圆圈，学生约 10 人一组，两两对抗。一组站在圈内防守，另一组在圈外进攻。圈外学生用飞盘互相传接，寻机掷中圈内的人，被击中者出圈做规定的体能练习。一段时间后，两组学生互换角色继续游戏。

5. 争夺赛
学生 5 ~ 7 人一组进行对抗比赛，类似足球、篮球和橄榄球比赛。比赛不允许有故意的身体接触，不分男女队，队员通过传递，将飞盘飞入目标区域即可得分，比赛结束时，得分多的队伍获胜。

6. 飞盘长跑
先在田径场上设置一定距离的标志杆，使标志杆围成圆形、S 形、三角形等形状，学生手持一个飞盘从起点开始向第一个标志杆投掷飞盘，然后迅速跑出，捡起飞盘继续投掷（必须在飞盘落地点完成下一次投掷），直到飞盘按规定路线绕过所有标志杆回到起点为止，用时少者胜出。

（三）注意事项

软式飞盘由硅胶、塑胶等材料制成，存放时须避免高温和重物挤压。

七十五、软棒

软棒由环保 PVC 或 PE 材料制成，色彩鲜艳，结实耐用，安全便宜，用途广泛，非常适合在中小学体育教学中推广使用。

（一）器材介绍

1. 器材构成

软棒由环保 PVC 或 PE 材料制成，具有柔软、防潮、防水、无毒等特点。目前，市场上销售的软棒长度为 0.5 ~ 1.5m，直径为 3.8 ~ 7.5cm，有空心和实心两种款式，另配有二通连接器和多孔连接器。二通连接器适用于软棒之间的横向连接或软棒首尾连接成圆圈；多孔连接器适合交叉连接，做成各种形状。（图 75-1）

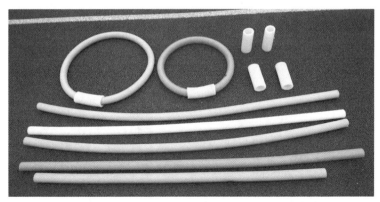

图 75-1

2. 主要特征

软棒材质柔软，便于组装，可拼接成多种形状，不仅增加了练习方法，且大大增强了练习的安全性。

3. 适用范围

适用于中小学生，主要用于各种爬、跳、钻、投类游戏。

（二）使用方法

可用于跑、跳、投等身体基本活动能力的练习，也可用作各类体育游戏、器械操的辅助器材。例如，直接用作接力棒、竹竿、软梯、游泳浮力棒、软式标枪、软式体操棒等，可以玩接力跑、叫号扶棒、不倒森林（图75-2）、扫地雷、竹竿舞（图75-3）、投掷软式标枪（图75-4）、软棒啦啦操等游戏；也可用二通连接器和多孔连接器连接成圆圈、跨栏架、山洞、门球杆、数字，用于套圈（图75-5）、跳房子（图75-6）、障碍跑、钻山洞、打门球、魔术棍等游戏。发挥无限的想象力和创造力，还可将之用于更多更精彩的活动项目。

图75-2　　　　　　　图75-3　　　　　　　图75-4

图75-5　　　　　　　图75-6

（三）注意事项

（1）使用时不要用力拉扯。

（2）任何时候都须避免高温、暴晒。

（3）长期不使用，可用软布擦拭后放于阴凉处。

七十六、软体跳马墩

软体跳马墩主要由优质木材、PVC 夹网布、高密度 EPE 材料制成，其前身是体操运动中的跳箱，为满足中小学生的发展需要演变而来。可根据学生身高、运动能力调节跳马墩的高度，极大地满足了不同学生的需求，具有较高的安全性，能有效提升学生的协调能力、身体灵活性等。

（一）器材介绍

1. 器材构成

软体跳马墩主要由优质木材、PVC 夹网布、高密度 EPE 材料制成，有 3 ~ 5 层，每层高度为 6 ~ 12cm，多色拼接，每一层色彩鲜明。（图 76-1）

2. 主要特征

软体跳马墩柔软有韧性，色彩鲜艳，安全性较高；灵活多变，操作性强；趣味性强，能激发学生的兴趣。

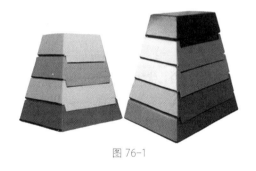

图 76-1

3. 适用范围

适用于中小学生，主要作为支撑跳跃的器材使用。

（二）使用方法

将软体跳马墩放在平坦的场地上，根据学生年龄及跳跃能力调整软体跳马墩的高度，然后进行横箱分腿腾越、纵箱分腿腾越、屈腿腾跃横箱、跳上成蹲（跪）撑向前跳下等支撑跳跃练习。

（三）拓展运用

1. 踏板跳练习

充分利用软体跳马墩的可拆卸特点，将软体跳马墩单层、双层、多层拆卸下来，摆放在地上作为跳箱使用，进行各种跳跃和力量练习。

2. 支撑练习

根据学生能力，选择适合高度的软体跳马墩，练习时，学生两手直臂支撑在跳马面上，身体悬空，通过两手支撑移动，绕软体跳马墩一周，回到起始位置。

3. 组合练习

为了提高学生的练习兴趣，可以将软体跳马墩与标志杆、标志盘、体操垫等体育器材组合，从而发展学生体能。

4. 高台练习

将软体跳马墩 2 ~ 5 层叠放，形成不同高度的高台，用来进行攀爬、跳深等练习。

（四）注意事项

（1）在使用过程中，教师要讲清保护与帮助的方法，最好能够亲自实施保护与帮助。

（2）每次使用前都要确认器材是否完整，安装是否稳固，以保证安全。

（3）使用和存放时，应防止器材被尖锐物体划破或磨损表层而影响其使用。

七十七、软式跨栏架

软式跨栏架小巧轻便、颜色多样，能很好地解决当前学校体育场地紧张的问题。软式跨栏架可以根据需求组装使用，也可以拆卸使用，是一款能充分发挥教师和学生想象力、激发学生学练兴趣的体育器材。

（一）器材介绍

1. 器材构成

软式跨栏架由高密度 EVA 软式塑胶材料制成，由底板、横板和侧板构成，组装、拆卸方便，侧板设有 30cm、50cm、60cm 三档高度的卡口，可以任意调节横板高度，满足不同高度的运动需要。（图 77-1）

图 77-1

2. 主要特征

软式跨栏架小巧轻便，不受场地限制，室内外均可使用，有三档高度可调节，可自由拼接，材质柔软，安全性高，设计精美，色彩鲜艳，对技术动作的要求较低，趣味性强，能激发学生的练习兴趣。

3. 适用范围

适用于中小学生，主要用于爬、跨、跳等练习。

（二）使用方法

1. 跨栏

将若干个软式跨栏架并排放置，分别设置三种高度，学生根据自身能力和需要，选择合适高度的跨栏架进行练习，从而提高练习效率。

2. 单脚跳

直线摆放若干个软式跨栏架，学生可以单脚向前连续跳跃、侧向连续跳跃、左右连续跳跃、前后连续跳跃等，锻炼腿部力量和身体平衡能力。

3. 双脚跳

直线摆放若干个软式跨栏架，学生可以双脚向前连续跳跃、侧向连续跳跃、左右连续跳跃、前后结合跳跃、90°旋转换向跳跃等，锻炼腿部的爆发力和连续跳跃能力。

4. 跑的辅助练习

直线摆放若干个软式跨栏架，学生正对或侧对软式跨栏架，采用正向高抬腿、侧向高抬腿、跨步跑、侧跨步、后蹬跑等方式快速通过若干个软式跨栏架。

5. 绕跨栏架

直线摆放若干个软式跨栏架，根据学生的身高和能力设置不同高度和间距。学生正对或侧对软式跨栏架，通过左右或前后快速移动，以 Z 形或 S 形路线绕过直线摆放的若干个软式跨栏架。

（三）拓展运用

1. 作标志物（点）

在球类练习中可以将软式跨栏架作为标志物或标志点使用，如在篮球急停急起练习中放倒、立起跨栏架；也可以将高的跨栏架作为小足球门，锻炼学生传球的准确性。

2. 作障碍物

在障碍跑练习中可以将软式跨栏架作为爬、跨、跳、绕等多种运动的障碍；在鱼跃（远撑）前滚翻练习中可以将软式跨栏架设置为障碍，辅助学生从栏架上越过。

3. 作速度阶梯

将若干软式跨栏架放倒纵向排列，形成梯状，学生在阶梯上一格一格快速小步或高抬腿跑过。

4. 作支撑架

在跳跃课中，在器材数量有限、学生人数较多的情况下，为提高练习密度，可以利用两个同等高度的软式跨栏架作为基座（跳高架），中间架上一根长横杆，即可实现多人跳跃练习；在球类课中，还可以将软式跨栏架放倒，使其作为托盘，将球放入其中，起到稳定、支撑球的作用。

5. 作栅栏

可以将多个软式跨栏架拼接成圆形、方形、直线形等不同的形状作为栅栏，用以划分区域。

（四）注意事项

由于软式跨栏架由 EVA 材料制成，若长时间使用，且不加以爱护，容易损坏，因此，教师应提醒学生不要拉扯、掰折栏架。若练习中不慎折损横板，可用PVC 胶水固定后再使用。

七十八、软式铁饼

传统铁饼运动对场地和安全条件都有较高要求，导致很多学校无法开展，而软式铁饼采用环保塑料制成，具有重量轻、体积小、易收纳、使用安全等特点，从而便于在中小学阶段开展该项目，既丰富了课程的教学内容，又增加了课堂的趣味性。

（一）器材介绍

1. 器材构成

软式铁饼一般由环保塑料制成，分为软式教学铁饼（图 78-1）和软式练习铁饼（图 78-2）。软式教学铁饼直径为 20～22cm，重量约 400g，空心结构，

图 78-1

图 78-2

边缘呈锯齿状，有把手标记且有旋转箭头，便于教师进行教学示范；软式练习铁饼直径为 18 ~ 20cm，中心厚度为 40mm，边缘厚度约 15mm，重量有 300g、550g、800g、1000g 四种，采用黄、红、蓝三种鲜艳的颜色，更容易吸引学生的注意力，激发学生的学习兴趣。

2. 主要特征

软式铁饼质感柔软，重量轻，体积小，便于放置，不占空间。

3. 适用范围

适用于中小学生，常用于中小学趣味田径项目，也可作为轻负重器材，用于体能训练。

（二）使用方法

1. 软式教学铁饼

教师使用软式教学铁饼讲授技术：手指自然张开，拇指和手掌平贴于软式教学铁饼上，另外四指的最末指节扣住铁饼边缘的锯齿状，将铁饼"扣压"于手腕处，以防止铁饼滑脱；然后进行绕"8"字、预摆、原地正面掷饼等练习。出手时，要求与饼身上标记旋转箭头保持同向。

2. 软式练习铁饼

学生在基本掌握技术后，用软式练习铁饼代替传统铁饼进行练习与比赛。

（三）注意事项

（1）教师课前告知学生在练习时动作稍慢，动作幅度不宜过大，防止软式铁饼脱手伤人。

（2）集体分组练习时，要等每一组学生全部投掷结束后，再去将软式铁饼捡回交给下一组学生，强调投掷区周围不要站人，防止软式铁饼脱手伤人。

第五部分　体能训练类

七十九、反应训练灯

反应训练灯具有颜色多样、使用方便、可编程等特点，将其用于篮球教学和游戏，能极大地提高学生对篮球的兴趣，发展学生的快速反应能力。

（一）器材介绍

1. 器材构成

反应训练灯一般为六边形或圆形，由 4 ~ 12 个独立的反应灯构成，每个反应灯重约 105g，可连接蓝牙，选择不同的训练模式进行训练。训练结束后，可查看相关训练数据。（图 79-1）

图 79-1

2. 主要特征

反应训练灯颜色多样，有红、黄、蓝、绿、紫、橙等，学生可根据颜色做多种反应动作，提高大脑神经反应能力和判断分析能力。反应训练灯的每个反应灯都是独立供电的，可进行无线感应触摸，并且可与手机无线连接同步，通过手机对 4 ~ 12 个反应灯的同步调度，可组合衍生出多种训练模式，且高精度传感器能记录精确的反应数据，方便查询训练成果。反应训练灯可利用魔术贴或强力背胶贴片安装在标志杆、标志筒或墙壁上，根据训练要求，设置不同高度。

3. 适用范围

适用于中小学生，用于提升学生的反应速度、协调能力和爆发力。

（二）使用方法

开机，反应灯亮绿色，然后打开手机蓝牙进行连接。反应训练灯的小程序可通过蓝牙同时连接 4 ～ 12 个反应灯，通过小程序可选择多种不同的训练模式，由此进行反应训练、视觉训练以及其他技能训练。训练中，当反应灯亮时，学生用手轻触反应灯，反应灯熄灭。在篮球、足球、跆拳道和拳击训练中，教师可创意使用反应灯，激发学生的训练热情和潜能。（图 79-2）

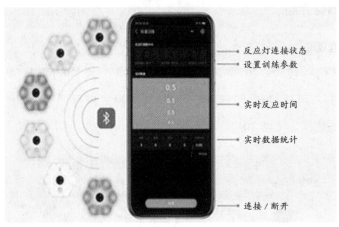

反应灯连接状态
设置训练参数

实时反应时间

实时数据统计

连接 / 断开

图 79-2

（三）拓展运用

1. 脚步练习

（1）滑步练习：在罚球线两侧放置两个反应灯，学生位于罚球线后做原地小碎步防守姿势，仔细观察两侧反应灯，灯亮时迅速滑步击灭亮起的反应灯，反应灯熄灭后迅速返回原始位置，循环练习。

（2）脚步反应练习：在前后左右间隔适当距离放置 4 个反应灯，学生站在中间做原地小碎步防守姿势，仔细观察四周反应灯，灯亮时快速反应击灭亮起的反应灯，反应灯熄灭后迅速返回原始位置，循环练习。

2. 控球练习

（1）看色摸盘：学生原地体前变向运球，根据灯光转换的颜色，迅速触碰对应颜色的标志盘，完成后继续原地体前变向运球，观察反应灯，循环练习。
（图79-3）

（2）随机应变：学生原地低运球，观察反应灯的颜色并做相应的动作。绿灯亮时，做体前变向运球；蓝灯亮时，做胯下运球；红灯亮时，做转身运球；橙灯亮时，做背后运球；等等。学生观察到颜色后迅速做出相应的动作，灯灭还原成原地低运球，循环练习。（图79-4）

建议：也可将反应灯间隔2～3m摆放，学生向前行进间运球，到达反应灯后根据反应灯颜色迅速做出相应的动作。每做完一次，向前运球移动一次，完成后返回起点，循环练习。

（3）灭灯侠：4个反应灯摆放成一排。学生做原地体前左右换手运球，同时观察反应灯，灯亮时迅速轻触关闭灯光，随后还原，循环练习。（图79-5）

图79-3 图79-4

图79-5

（4）四角灭灯：4个反应灯摆成正角形。学生在控球的同时观察反应灯，灯亮时迅速轻触关闭灯光，随后还原，循环练习。（图79-6）

图79-6

（5）绿灯行：反应灯间隔2～3m摆放，学生面对反应灯做原地小碎步调整控球，灯亮时迅速双变向摆脱。（图79-7）

3. 组合练习

模拟实战情境，对防守、运球、传球和投篮等进行组合训练。例如，看灯投篮练习，甲、乙两人一组，乙在三分线持球准备投篮，甲迅速由底线补防，紧逼防守，5s后，跑至三分线外接乙的传球，运球至罚球线；绿灯亮时直接突破上篮，蓝灯亮时突破分

图79-7

球给乙，假动作摆脱至右侧底线接球投篮，如不进，需要抢篮板打进；最后甲捡球至三分线，乙至底线，两人互换角色循环练习。

（四）注意事项

（1）反应训练灯为电子设备，注意防潮。

（2）使用时，应避免碰撞冲击仪器设备，确保设备完好。

八十、战绳

战绳类似于拔河绳，一般由高强度涤纶制作而成，能进行健身、塑形等，对于增强学生体质、提升学生爆发力和耐力以及锻炼的积极性都有较好作用。

（一）器材介绍

1. 器材构成

战绳（图 80-1）由高强度涤纶制作而成，外形类似于拔河绳，粗细、长短不一，一般有长 9m、12m 和 15m 三种，直径 2.5 ~ 6cm，具有一定的重量，一般为 7 ~ 15kg。学校的拔河绳也可一物多用，作为战绳使用。

图 80-1

2. 主要特征

战绳结实耐用，安全性高，使用不受场地限制；可进行多种甩绳动作练习，极具趣味性和挑战性。

3. 适用范围

适用于健身，塑形，增强体质、提升爆发力和耐力的练习。

（二）使用方法

练习时，将战绳一端或中间固定或环绕在固定物上，做好准备姿势（左右手分别握住战绳，两腿分开，屈膝降重心，身体稍前倾），甩动战绳即可。

1. 两手同步上下甩动练习

两手同步上下甩动战绳，速度由慢到快，逐渐增加强度。

2. 两手交替上下甩动练习

两手交替上下甩动战绳，速度由慢到快，逐渐增加强度。（图80-2）

图80-2

3. 两手同步左右甩动练习

两手同步左右甩动战绳，速度由慢到快，逐渐增加强度。

4. 两手左右开合甩动练习

两手左右开合甩动战绳，速度由慢到快，逐渐增加强度。

5. 组合甩动练习

练习时，结合各种手臂动作、腰腹动作、腿部动作、全身动作，再衔接战绳动作，全面刺激身体各部分肌肉，提高综合锻炼效果，如快速深蹲跳4次接两手同步上下甩动战绳4次等。

（三）拓展运用

1. 作拔河绳

战绳可作为拔河绳，根据粗细和长短的不同，运用于不同年龄段人群的拔河比赛。

2. 重物练习

将战绳打圈或者捆绑固定成一堆，当作重物，进行持物上举、深蹲、搬运、牵引跑等练习。

（四）注意事项

（1）战绳应放在干燥库房内，上架保管，不要置于潮湿处，否则容易发霉。

（2）每次使用时，检查战绳两头缠绕的胶带是否牢固，以避免绳具整体松动。

八十一、飞力士棒

飞力士棒的两端各有一个圆柱形的天然橡胶重力摆，中间是手柄，由玻璃纤维制成。基于共振原理，飞力士棒可运用于各类力量练习，有利于改善身体姿态，且趣味性强，对于提高身体素质有着较好的效果。

（一）器材介绍

1. 器材构成

飞力士棒的材质是玻璃纤维，两端各有一个圆柱形的天然橡胶重力摆，中间是手柄，长度为 120 ～ 160cm，直径为 1cm，重量为 500 ～ 800g。（图 81-1）

图 81-1

2. 主要特征

飞力士棒经得起持续高强度振动；规格多样，简单易学，学生可根据自身身体素质选择。

3.适用范围

适用于增强核心力量的练习，可提高身体的核心稳定性，改善身体姿态，激活深层肌肉，对提升腰腹及下半身肌肉群的稳定性有显著效果。

（二）使用方法

飞力士棒常见的握法有双手正握（图81-2）、双手反握（图81-3）、单手握（图81-4）、高尔夫握（图81-5），操作简单，可以直接运用到体育课堂中。

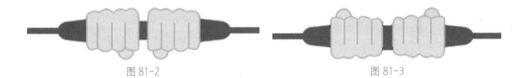

图81-2　　　　　　　　　　　图81-3

1.弓步举

站于垫上，左脚在前，右脚在后，成左弓步，双手持飞力士棒在体前，前后摆动发力，腰腹部收紧。（图81-6、图81-7）

练习提示：在练习过程中注意收紧腰腹部，控制手臂前后的收缩距离，避免被砸伤。

2.侧平举

两脚左右分开站于垫上，右手持飞力士棒做体侧的振臂发力动作。（图81-8、图81-9）

练习提示：在练习过程中注意控制身体稳定，不要让身体左右摇晃，学生根据身体素质可以做单脚屈膝站立的持棒练习。

图81-4 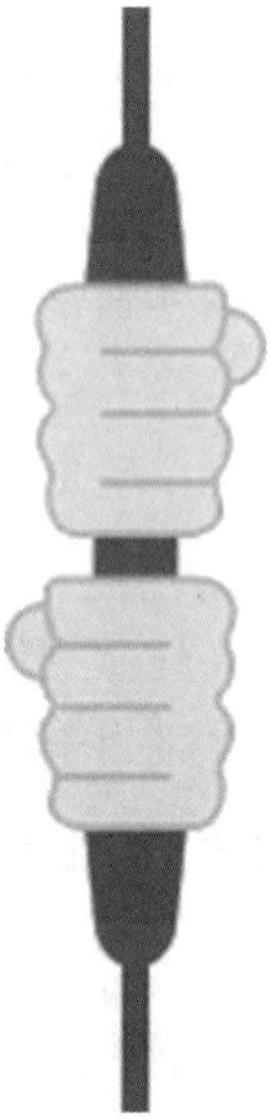　　图81-5

3.V字对抗举

臀部坐于垫上，两脚并拢，膝关节弯曲120°，双手持飞力士棒前后发力，

图 81-6

图 81-7

图 81-8

图 81-9

反复练习。（图 81-10）

练习提示：在练习过程中注意控制身体平衡，学生根据身体素质可以做两脚分开上下交替抬腿的动作，以强化核心力量。

图 81-10

（三）注意事项

存放时，应置于阴凉处并避免高温及阳光直射，保持器材干燥。

八十二、脚蹬拉力器

脚蹬拉力器是由 TPE 和泡棉材料制成，能够有效锻炼身体各部位的肌肉、促进骨骼代谢、提高身体协调性、增加关节灵活性，且使用方便，不受场地限制。

（一）器材介绍

1. 器材构成

脚蹬拉力器由脚踏、弹力绳和手柄构成，采用 TPE 和泡棉材料制成，重量约 400g，拉伸长度约 120cm，有多种颜色可供选择。其中，脚踏采用高密度防滑材料制成，其凸起的防刮条附带按摩功能；中间连接的弹力绳由 4 股加粗绳体构成；手柄是柔软泡棉，高密度，不伤手。（图 82-1）

图 82-1

2. 主要特征

脚蹬拉力器方便携带，在任何一块场地都可以使用该器材进行爆发力、协调能力的练习。

3. 适用范围

适合中小学生进行多种力量练习及体质健康测试项目的辅助锻炼。

（二）使用方法

1. 直体上拉

两脚踏在脚蹬拉力器的脚踏处，两手正握手柄，身体站直，两手握住手柄用力向上拉动，循环练习。（图82-2）

图82-2

2. 坐姿后拉

两脚伸直，坐于垫上，两脚固定在脚蹬拉力器的脚踏上，两手握紧手柄，肘部夹紧，腰腹部收紧，两手握住手柄用力前后拉动，循环练习。（图82-3）

图82-3

3. 仰卧下拉

仰卧姿势，两脚上举伸直踩在脚踏上，两手拉住手柄向下发力拉动，循环练习。（图82-4）

（三）注意事项

（1）使用时，要注意腰背挺直，不能出现弯腰驼背等现象。

（2）存放于阴凉处，避免高温和阳光直射导致其老化。

图82-4

八十三、阻力伞

阻力伞也称减速伞，原型是运用于减小飞机着陆时滑跑速度的伞状工具，根据空气动力学原理设计制作而成，当学生达到一定速度时，伞体打开后开始提供阻力，阻力会随着学生速度的提升而增大。在训练中，可根据不同的运动项目和学生自身的需求，选择不同规格的阻力伞进行训练。

（一）器材介绍

1.器材构成

阻力伞由伞体、伞绳和背带构成。其中，伞体直径为 80 ~ 160cm，重量为150 ~ 300g，由涤纶、涂层布、网纱、尼龙织带等材料制成，有黑、红、黄、橙、蓝、绿等颜色；背带有独立插扣腰带和尼龙搭扣腰带两种款式。（图 83-1）

图 83-1

2.主要特征

阻力伞色彩多样，伞体轻便，容易操作，安全性高，阻力大小可调节，与传统抗阻训练相比更具趣味性。根据个人运动速度的不同，每个阻力伞可提供5 ~ 30kg 的阻力。

3.适用范围

适用于各个年龄段的人群，可用于多种运动项目的训练，常用于短跑项目的抗阻训练。

（二）使用方法

在运动训练中可根据不同运动项目和不同水平的学生选择不同规格的阻力伞进行训练。阻力伞可广泛应用于田径、球类、自行车、速滑、游泳等项目的运动训练，能提高学生的移动速度、下肢力量和爆发力。在训练中，一般挂一个伞体即可，也可同时挂两个或三个伞体，要根据个人能力安排负荷。下面主要介绍佩戴阻力伞的方式。

1. 挂腰

挂腰是最常见的佩戴方式，简单易行，可以直接用在短跑训练中。

2. 肩背

肩背佩戴的方式可以提高对腰背的拉力，在训练过程中学生想要获得高速度，上体必须主动发力并保持身体姿态，对发展核心力量效果显著。

3. 手挽

手挽方式即手挽伞绳末端，在跑动过程中学生上肢需要主动发力来保持身体姿态，在一定程度上能帮助学生发展上肢力量。

（三）注意事项

（1）阻力伞在使用时要根据自身能力，调节合适的长度和伞的数量。

（2）阻力伞在不使用时，应折叠整齐，存放于阴凉干燥处，避免阳光直射，勿压。

八十四、平衡板

平衡板是锻炼核心肌肉群、强化踝关节及膝关节稳定性的训练器材，在常规教学中，体育教师可以结合运动项目和力量练习，创编多种练习方式，以激发学生的练习欲望，提升练习效果。

（一）器材介绍

1. 器材构成

平衡板由多层板、磨砂贴、塑料底座构成（图84-1为正面，图84-2为反面），直径约40cm，高约8cm，厚度约14mm，可承重250kg，木质材料制成，环保无味，表面是防滑板面，底部是球形基点，可360°旋转，进行12°～20°的倾斜。

图84-1　　　　　　　　　　　　　　图84-2

2. 主要特征

平衡板体积较小，随时可练，便于收纳，对核心及下肢力量练习的针对性强。

3. 适用范围

适用于中小学生，可以结合学生年龄、身体素质、运动项目及运动需求进行针对性练习。

（二）使用方法

1. 平衡板在下肢力量练习中的运用

（1）平衡半蹲。

两脚左右分开，脚尖朝前站立在平衡板上（图84-3），两臂伸直，目视前方。练习开始，控制平衡的同时向下半蹲，当膝关节和脚尖在同一垂直线上时，缓慢回

图 84-3

图 84-4

至站立位置，反复练习。（图84-4）

练习提示：练习前，先体验站在平衡板上的感觉，等到熟练后再进行半蹲练习。每组10个，做3～5组。

（2）剪蹲平衡。

右脚放于平衡板上，右大腿与地面平行，左腿微微弯曲置于垫上，两手叉腰，目视前方。练习开始，右脚维持平衡的同时向下剪蹲，反复练习。（图84-5）

图 84-5

练习提示：学生熟练后，可在其后脚加上一个平衡板进行进阶练习。每组15个，做3～5组。

2.平衡板在核心力量练习中的运用

（1）俯卧收腿。

俯卧姿势，两手抓住平衡板的两端，左腿伸直，脚尖着垫，右腿提膝至胸前与地面垂直，脚尖绷直，维持身体的平衡。（图84-6）

图 84-6

练习提示：学生熟练后，可以左右脚交替练习。每组 15s，做 3 ~ 5 组。

（2）仰卧挺腹。

仰卧姿势，两脚左右分开踩在平衡板上，两臂伸直，置于身体两侧，腰部发力挺腹，维持平衡的同时，保持背部、腰部、膝关节在一条线上。（图 84-7）

练习提示：可由静态转换成动态挺腹练习。每组 15s，做 3 ~ 5 组。

（3）坐姿平衡。

臀部坐于平衡板上，两手置于体侧，两脚并拢向上抬起，目视前方，大腿与小腿夹角大于 90°，保持平衡。（图 84-8）

图 84-7　　　　　　　　　　　　　　图 84-8

练习提示：练习过程中注意保持身体的稳定性。每组 20s，做 3 ~ 5 组。

（三）注意事项

（1）在使用过程中需要注意安全，平衡板上练习需要慢速，保持核心稳定。

（2）器材由木质材料制作而成，为防止其发霉，应存放于阴凉干燥处。

八十五、波速球

波速球由橡胶制成的半球球面和塑料制成的平台底座构成，可专门用来加强核心力量，提高身体平衡性，对于身体各部位肌肉力量发展有很好的促进作用，训练用途和方法多样，在体育训练和健身房中应用广泛。

（一）器材介绍

1. 器材构成

波速球外形为半个球形，球面由橡胶制成，具有一定的弹性，底座是由塑料制成的平台。（图85-1）

图 85-1

2. 主要特征

波速球大小适中，便于放置，趣味性强，且对于运动区域要求不大，训练用途和方法多样。

3. 适用范围

适用于中小学生，主要用于力量、平衡、灵敏、柔韧等身体素质练习，还可用于脚踝部的康复练习。

（二）使用方法

将波速球球面朝上，可做有氧练习；球面朝下，可做平衡性练习。教师可以根据学生身体素质情况，选择不同难度的动作，结合波速球进行练习。

1. 双腿站立（下蹲）

双腿站在波速球球面上，两膝微屈，挺胸抬头，两臂前伸。可做静态练习，保持匀速呼吸，坚持 30 ~ 60s；也可做动态练习，在球面上做蹲起，注意起立时吸气，膝关节保持微屈。

2. 单腿站立（下蹲）

单腿站在波速球球面上，另一条腿的膝关节抬起，大腿与地面平行，两侧手臂自然下垂。可做静态练习，保持身体稳定不晃动，坚持 30 ~ 45s；也可做动态练习，在球面上做单腿蹲起，注意起立时吸气，膝关节保持微屈。

3. 单腿燕式平衡

单腿站在波速球球面上，俯身向下，另一条腿向后抬起，头、背、另一条腿保持一条直线，两侧手臂展开。要求支撑腿保持微屈，身体保持静止不动，坚持 30 ~ 45s，在此过程中保持匀速呼吸。

4. 俯身开合跳

两手撑于波速球底座上做俯身开合跳动作，这个动作能加强对腹部的刺激。

5. 左右深蹲跳

两脚交替踩在波速球球面上，进行左右深蹲跳，在发展腿部和臀部肌肉的同时，可以增强踝关节肌肉的稳定性，提高核心力量。（图 85-2）

图 85-2

6. 动态俯撑

先用两臂直臂支撑于波速球球面，然后两臂交替进行弯曲和直立的动作，也就是手肘交替支撑于波速球球面。波速球不稳定，加强了对腹部的刺激，会对学生腹部更深层的肌肉产生良好的训练效果。（图 85-3、图 85-4）

图 85-3   图 85-4

7. 俯身高抬腿

两手撑于波速球底座上，两腿交替做高抬腿动作。波速球不稳定，大大增加了动作的难度，对身体平衡能力能起到更好的锻炼作用。（图 85-5）

8. 深蹲

两腿站在波速球底座上做深蹲动作。波速球不稳定，大大增加了动作的难度，可以更好地发展下肢力量和身体的稳定性。（图 85-6）

图 85-5　　　　　　　　　　　　　　图 85-6

除了以上动作，教师可以将多个动作组合在一起，创编有趣的体能挑战训练，综合发展学生体能。当然，教师还可以利用波速球进行多路线、多方向和不同距离的跳跃练习，设置挑战赛道，充分激发学生的兴趣，使其主动参与到体能训练中来。

（三）注意事项

（1）练习时要集中精力，由易到难、由慢到快，循序渐进，避免脚部受伤。

（2）初用波速球练习时，不要追求动作的次数，以稳定身体躯干为主，能稳定使用了再追求次数。

八十六、药球

药球又称重力健身球，由实心橡胶制成，在健身房、康复中心等场所应用广泛。

该器材训练形式多样，使用该器材进行训练，学生的核心力量、爆发力、平衡、协调、速度等能力能得到很好的发展。

（一）器材介绍

1.器材构成

药球又称重力健身球，由实心橡胶制成，有 1 ~ 12kg 不同重量可供选择，直径 18 ~ 28cm 不等，有红、黄、蓝、绿等多种颜色。（图 86-1）

图 86-1

2.主要特征

药球环保无味，色彩亮丽，弹性好，安全性高，耐磨耐用；大小适中，便于携带，且对场地要求不高。

3.适用范围

适用于中小学生，常用于爆发力和力量练习。

（二）使用方法

1.在核心力量练习中的运用

（1）俯撑传递。

身体呈俯撑姿势，两脚分开，脚尖着地，一只手撑于平坦地面或瑜伽垫上，另一只手撑在药球上，保持头部、肩部、臀部在同一条直线上。练习开始，通过手掌拨球的方式使药球在两臂间来回滚动。（图 86-2）

（2）弓步转体。

两脚开立，与肩同宽，两手抱药球于胸前，身体面向前方做好准备。练习开始，左脚向前迈一步成左弓步，两脚脚掌着地，左脚尖朝前，身体重心在两脚间，同时两手将球向前推出，两臂前平举于体前（图 86-3），腹部及腰部发力，身体向右转 180°，成右弓步（图 86-4），停留 1s 后转回。

图 86-2　　　　　　　　图 86-3　　　　　　图 86-4

（3）卷腹。

身体呈仰卧姿势，两脚后收，靠
近臀部，脚掌着地，膝关节弯曲，两
手持药球于胸前。练习开始，腰腹发
力，使背部与地面的夹角约为 45°，
同时两臂发力前推药球，直到手臂充
分伸直，恢复起始动作，循环练习。
（图 86-5）

图 86-5

2. 在爆发力练习中的运用

（1）对角线砍削。

两脚开立，与肩同宽，脚尖向前。
练习开始，两手举球于右上方（图
86-6），保持背部挺直，以髋部为轴
向左旋转，同时，两手持球向左下方
移动（类似于从右上方到左下方的对
角线砍削动作）（图 86-7）。当药球
位于左膝外侧时，停止运动，返回起
始位置，重复若干次对角线砍削动作，
换身体另一侧做同样练习。

图 86-6　　　　　图 86-7

（2）胸前前推。

两脚前后站立，膝关节弯曲，重心降低，上体稍前倾，两手抱球于胸前，正对墙壁约 3m 距离。练习开始，两脚蹬地，后脚向前方迈出，同时用手将药球向墙壁推出，药球撞击墙壁弹回时接住来球，重复动作。（图 86-8）

（3）站姿侧抛。

两脚开立，比肩稍宽，膝关节弯曲，重心降低，侧对墙壁站立，两手五指分开，托住药球的中下部。练习开始，下肢蹬地，髋部拧转，两手发力将球抛向墙壁，然后接住弹回的药球，重复动作。

（4）负重蹲起。

两脚开立，与肩同宽，两手持球上举，进行全蹲或半蹲运动。（图 86-9）

图 86-8   图 86-9

（三）拓展运用

1. 模拟篮球试探步

两手持球于腰间，重心降低，做护球姿势准备。练习开始，以一脚为中心脚，另一脚向不同方向迈出并快速蹬地收回，同时弯腿降重心，随脚步移动方向调整

药球在腰间的位置。药球具有一定重量，可以有效
强化学生对篮球试探步动作的掌握。（图86-10）

2. 绕头转体

右腿呈弓步姿势，两手抱药球于右侧腰间准备。
练习开始，下肢发力蹬转使上体旋转到左侧，同时
将药球经头上移动到左侧腰间，左腿呈弓步姿势。
相同方法向另一侧做此动作，之后重复动作。药球
具有一定重量，可以有效强化学生对护球动作的掌
握。（图86-11至图86-13）

图86-10

图86-11

图86-12

图86-13

3. 投篮练习

用药球作篮球，对墙壁进行双手胸前投篮、原
地单手肩上投篮练习。药球比篮球重，既能固定学
生投篮的手形，又能让学生体会拨指和压腕的感觉。
（图86-14）

（四）注意事项

药球在使用时应避免碰到尖锐物体，防止损坏。

图86-14

八十七、敏捷梯

敏捷梯为脚步练习的主要器材，适用于室内和室外条件不同的场地，可以提高快速移动能力，提高身体的灵活性、平衡性和协调性。敏捷梯具有轻便实用、携带方便、组合花样多的特点。

（一）器材介绍

1. 器材构成

敏捷梯款式众多，有可调节款、半固定款、跨栏款、全固定款等，以下分别做简要介绍。

可调节款：由横条和尼龙绳构成，横条长约50cm、宽约3.8cm、厚约0.5cm，尼龙绳宽2.5cm，横条两头有长约2cm的细孔，尼龙绳可从中间穿过。（图87-1）

半固定款：由横条、尼龙绳和金属片构成，横条长约50cm、宽约3.8cm、厚约0.5cm，尼龙绳宽2.5cm，横条两端与尼龙绳通过金属片固定，横条间距离约50cm。（图87-2）

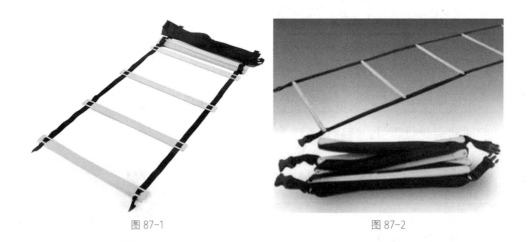

图 87-1　　　　　　　　　　　　　　　图 87-2

跨栏款：由圆柱管（长约47cm，直径约8mm）、搭扣（长约10cm，宽约2cm）、横条（长约47cm，宽约2cm）构成，由环保PP材质制成，有2.3m、3.3m、

4m、5m 等多种长度。
（图 87-3）

全固定款：由多块可折叠软片构成，由环保 PP 材质制成，每片长约 52cm、宽约 4cm。
（图 87-4）

图 87-3　　　　图 87-4

2. 主要特征

可调节款：可以根据练习目的和学生能力自由调节横条的距离以及横条摆放的角度，以增加敏捷梯的练习手段。

半固定款：横条固定于绳索上，使每个方格大小相同，有利于强化固定动作，且人大提高了收放敏捷梯的效率。

跨栏款：可以通过调整搭扣摆放的形式改变敏捷梯的高度，从而改变练习的难度。

全固定款：可以通过折叠改变敏捷梯的高度，更好地开发学生的潜能。

3. 适用范围

适用于中小学生，主要用于灵敏性与速度练习。

（二）使用方法

将敏捷梯平铺在地上，学生可以进行多种脚步练习，如单脚进进出出、侧向高抬腿、开合跳等，从而增强脚步的灵敏性。另外，可以根据练习目的调整可调节款敏捷梯的横条间距，还可以调整横条角度，组成不同的图形，增加练习的趣味性。跨栏款和全固定款可以通过抬高中间横条设置高度障碍，让学生在进行脚步练习的同时发展跳跃能力。

（三）拓展运用

1.巧用组合练习

（1）敏捷梯组合标志盘练习。

将敏捷梯与标志盘组合，设置不同方位的标志物，学生进行前进方向和规定动作的变化，以发展学生脚步的灵活性，提高学生的反应能力和身体控制能力。（图87-5、图87-6）

图87-5　　　　　　　　　图87-6

（2）敏捷梯组合小栏架练习。

将敏捷梯与一定高度的小栏架组合（图87-7），设置不同方位的障碍物，学生采用双脚跳的方式通过障碍物，以发展学生脚步的灵活性和跳跃能力（图87-8）。

图87-7　　　　　　　　　图87-8

（3）敏捷梯组合网球练习。

将敏捷梯与网球组合，学生在单脚进出敏捷梯的同时用手抛接网球，以发展

学生的手眼协调能力和灵敏素质。（图87-9）

（4）敏捷梯组合弹力带练习。

将敏捷梯与弹力带组合，学生双腿套上弹力带进行单脚进出敏捷梯练习，以发展学生的灵敏素质和腿部力量。（图87-10）

图87-9　　　　　　　　　　　　　　　图87-10

（5）多敏捷梯练习。

将敏捷梯组合摆放，丰富练习形式，学生进行单脚跳（图87-11）、弓步交替跳（图87-12）等练习，以发展学生的腿部力量和身体控制能力。

图87-11　　　　　　　　　　　　　　图87-12

2. 巧用敏捷梯融合篮球技能练习

（1）球性练习与敏捷梯融合。

上肢按照要求做球性动作（腰间绕球、双手头上拨球等），同时下肢以规定动作（单脚进进出出、侧向高抬腿、小步跑等）通过敏捷梯。（图87-13）

（2）篮球运球与敏捷梯融合。

上肢按照要求做运球动作（单手低运球、高运球、左右手运球等），同时下肢以规定动作（开合跳、侧向高抬腿、小步跑等）通过敏捷梯。（图87-14）

（3）篮球传球与敏捷梯融合。

图87-13　　　　　　图87-14

教师站于敏捷梯的末端，控制传球的次数和距离。学生传球给教师后，教师立即将球传回，学生在传球的过程中，脚下以规定动作通过敏捷梯。（图87-15）

（4）篮球投篮与敏捷梯融合。

图87-15

教师随机传球，学生以规定动作通过敏捷梯时，快速反应接球，接球后立刻急停投篮，投篮后继续横向移动，准备随时接球投篮。（图87-16）

图87-16

（四）注意事项

（1）敏捷梯在收纳和使用时要注意防止打结。

（2）练习时，每步落在小方格以内，前脚掌着地，要求轻快、节奏感强，脚踝有弹性。

八十八、四轮健腹盘

四轮健腹盘由圆形盘面和4个轮子构成，由PVC材料制成，对锻炼上下肢力量和核心力量具有良好的效果。利用健腹盘的不稳定性可进行多种有趣的拓展练习，四轮健腹盘是一款实用、好玩、有趣的体育器材。

（一）器材介绍

1.器材构成

四轮健腹盘由圆形盘面和4个轮子构成（图88-1为正面，图88-2为反面），由PVC材料制成，

图88-1　　　　　　图88-2

盘面有蓝、紫、红等多种颜色，圆盘直径约30cm，高约8cm，重约1kg。

2.器材特征

四轮健腹盘结实耐用，大小适中，便于放置；具有不稳定性，学生在练习时需要随时调整身体以达到最佳的稳定性，对提高肌肉力量和核心稳定都有很大的帮助。

3.适用范围

适用于中小学生，主要用于发展学生的肌肉力量。

（二）使用方法

1.俯撑式

两臂伸直撑于地面，身体呈直臂支撑姿势，两脚前脚掌各支撑在一个四轮健腹盘上，利用健腹盘的不稳定性，可以练习俯身提膝收腹（图88-3）、俯身交替登山跑（图88-4）、俯身开合滑（图88-5）等，发展上肢和腹部肌肉力量。

图88-3　　　　　　图88-4　　　　　　图88-5

2. 跪撑式

两腿并拢，跪在瑜伽垫上，两臂伸直，两手撑在一个四轮健腹盘上，做前推、回拉健腹盘的练习（图 88-6）；也可以两手各撑在一个四轮健腹盘上，做前后左右，同方向或不同方向的推拉健腹盘的练习（图 88-7），发展上肢和腹部肌肉力量。

3. 仰卧式

身体仰卧在瑜伽垫上，两腿并拢，脚跟支撑在一个四轮健腹盘上，通过前后蹬收两脚进行提臀顶髋练习，发展大腿后侧肌肉力量。（图 88-8）

图 88-6　　　　　　　　图 88-7　　　　　　　　图 88-8

（三）拓展运用

1. 旱地滑雪

学生两人一组，左右间隔 2m，在起点位置呈俯身姿势，两手各撑一个四轮健腹盘，臀部抬高。练习开始，学生两脚交替蹬地，两手推着四轮健腹盘向前滑行规定距离。（图 88-9）

练习提示：练习前教师提醒学生检查鞋带是否系好，以防踩到鞋带；终点处要留置较长距离为缓冲区，防止冲撞。

2. 毛毛虫找朋友

选择一块平整的地面，多名学生分散开，每人两手撑地呈俯撑姿势，两脚前脚掌支撑在一个四轮健腹盘上。练习开始，学生两手移动带动身体移动去找朋友，先击掌的两人成为一队。（图 88-10）

练习提示：教师提醒学生腹部收紧，控制核心，尽量保持身体水平，避免出现塌腰或抬臀现象。

3. 碰碰车

选择一块平整的地面，多名学生分散开，每人两脚交叉盘坐在一个四轮健腹盘上，两手撑于体侧地面，一名学生充当碰车的角色，其他学生充当躲避车。练习开始，学生两手推地使身体向各个方向滑行，"碰车"想方设法去碰"躲避车"，而"躲避车"尽量避免被碰到。（图88-11）

图88-9　　　　　　　　　　图88-10　　　　　　　　　　图88-11

练习提示：练习前检查地面是否整洁，避免存在坚硬物体；教师提醒学生注意观察"碰车"位置，并控制好重心，保持上体稳定。

4. 勇渡铁索桥

选择一块平整的地面，将一根长绳离地约50cm拉直固定在固定物上，每人两个四轮健腹盘，身体呈仰卧姿势，后背和两脚各抵住一个四轮健腹盘，两手握住绳索。练习开始，学生两手用力交替向前拉绳子，使身体沿着绳子向前滑行，直到终点。（图88-12）

练习提示：教师提醒学生注意控制身体稳定，避免四轮健腹盘支撑不稳。

5. 模拟冰壶赛

学生3人一小组，6人一大组，每人一个四轮健腹盘，站成两路纵队，在起始线后准备，教师在距起始线6m处用胶带制作正方形环状地靶，地靶边长分别为50cm、70cm、90cm。比赛开始，每组学生依次将四轮健腹盘向地靶推出，四轮健腹盘停在不同的区域代表获得不同的分数，最终总分多的

组获胜。（图88-13）

图88-12   图88-13

练习提示：教师赛前给学生讲授冰壶比赛知识，激发学生兴趣，带领学生学习正确的投壶姿势，使学生感受冰壶运动的乐趣。

（四）注意事项

（1）学生不得站立在四轮健腹盘上滑行，避免受伤。

（2）地面要平整光滑，以确保四轮健腹盘滑行顺畅。

八十九、悬挂式训练带

悬挂式训练带即全身抗阻力训练带（简称TRX训练带），也称悬挂训练系统带，由牢固的锌合金安全扣、主绳、门扣、手柄、连接带、延长带构成，可以进行多种上肢、下肢、核心力量练习，能有效发展学生的身体素质。

（一）器材介绍

1.器材构成

悬挂式训练带由牢固的锌合金安全扣、主绳、门扣、手柄、连接带、延长带构成。（图89-1）

2. 主要特征

悬挂式训练带轻巧便携，结实耐用，使用不受场地限制，将其挂起即可进行多种抗阻训练。

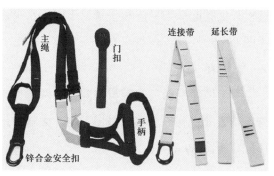

图 89-1

3. 适用范围

适用于中小学生上肢、下肢、核心力量的练习。

（二）使用方法

1. 划船

手柄离地约 1m 距离，两手握住手柄，脚跟着地，脚尖朝上，收紧腹部，尽量使身体成一条直线。上拉时，将背部夹紧，手肘保持微微内夹状态，再利用背部力量控制下拉速度，直至两臂伸直。（图 89-2、图 89-3）

2. 俯卧撑

两手握住手柄，间距与肩同宽，脚尖着地，呈俯卧撑准备姿势。然后屈肘下降身体，直到上臂和躯干在同一平面停止，然后撑起身体，手臂伸直，停留 1 ~ 3s，恢复起始动作。（图 89-4）

图 89-2

图 89-3   图 89-4

3. 反向飞鸟

两手握住手柄，间距与肩同宽，腹部收紧使身体伸直，肩部后收，带动手臂

慢慢外展抬起。当身体和手臂趋于同一水平面时，停留 1 ~ 3s，恢复起始动作。（图 89-5）

4. 深蹲

两手握住手柄，间距与肩同宽，两臂伸直，膝关节与脚尖方向一致，使训练带保持紧绷。臀部后移，慢慢下蹲，大腿与地面趋于平行时，停留 1 ~ 3s，起身还原。（图 89-6）

5. 屈膝收腹

俯撑姿势准备，两脚固定在把手上，腰背部挺直。核心发力，使膝关节靠近腹部，停留 1 ~ 3s，恢复起始动作。（图 89-7）

图 89-5   图 89-6   图 89-7

（三）注意事项

（1）练习时注意控制核心稳定性，避免出现身体左右晃动的情况。

（2）练习时注意调整气息，发力时吐气，还原时吸气。

（3）悬挂式训练带对力量有一定要求，有一定训练难度，教师可以根据学生能力调整训练次数与组数，循序渐进，避免学生肌肉疲劳。

（4）悬挂式训练带练习形式多样，教师可以根据学生专项特点和力量薄弱部位，有针对性地选择训练动作，从而发展学生的专项能力。

九十、训练水袋

训练水袋是将水和空气混合充入袋体，利用水的重量和流动时的不稳定性锻炼常用肌肉，而且可以训练周边更多的肌肉群，在体育训练和健身房中应用广泛。

（一）器材介绍

1. 器材构成

训练水袋又称负重水袋，由优质 PVC 材料和尼龙布制成，装有两个用来抓的提手，一般有透明款、蓝色透明款和迷彩款。充满气的训练水袋为圆柱体，直径约 20cm，长约 75cm。（图 90-1）

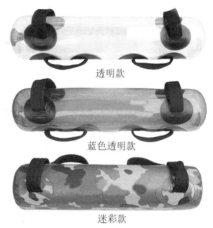

透明款

蓝色透明款

迷彩款

图 90-1

2. 主要特征

训练水袋舒适耐用，抗磨损性强；韧性好，没有棱角，使用安全。利用其可装水的特点可自行选择训练水袋重量，训练效果显著。

3. 适用范围

适用于小学高年级及以上人群，可进行多种抗阻训练（挥、屈、蹬、滑）以及能量代谢训练。

（二）使用方法

训练时，向训练水袋中注水（重量根据自身能力调节）后可进行多种力量训练。训练水袋中不断晃动的水无形中增加了训练难度。在训练时可以根据学生身体素质选择不同难度动作进行训练。

1.负重深蹲

将注有一定水量的训练水袋放于肩上进行深蹲练习，在练习时训练水袋会产生晃动，需要身体小肌肉群和深层肌肉参与维持平衡，从而能够更全面地锻炼肌肉力量。（图90-2）

图90-2

2.负重顶髋

背部靠在一定高度的垫子上呈仰卧姿势，将注有一定水量的训练水袋放在髋关节处，进行快速顶髋练习。（图90-3）

图90-3

3.后撤弓箭步

将注有一定水量的训练水袋放于肩上进行后撤弓箭步练习。晃动的训练水袋可以使学生体会到从下肢到躯干的小肌肉群为维持平衡而发力的感觉，从而更好地发展学生的核心稳定性。（图90-4、图90-5）

图90-4

4.燕式平衡

燕式平衡主要考验学生的平衡与核心稳定能力。两臂自然分开，将注有一定水量的训练水袋抱于胸前，进行燕式平衡练习。晃动的训练水袋不断打破身体的平衡，从而刺激下肢、躯干的深层肌肉发力。（图90-6）

图90-5

5.蹬转侧甩

两手分别握在训练水袋提手位置，进行蹬转侧甩练习，在练习时晃动的训练水袋增加了练习动作的难度，从而能更好地提高学生的核心稳定性。（图90-7）

除了以上动作，教师还可以根据学生能力将

图90-6

多个动作组合在一起，创编有趣的体能挑战赛，激发学生的潜能。教师还可以根据学生的专项特点，结合训练水袋指导学生进行有针对性的专项力量训练，提高学生的专项成绩。

图 90-7

（三）注意事项

（1）训练水袋注水重量要根据学生能力合理加注。

（2）使用过程中不要碰到尖锐物体，避免划破训练水袋。

九十一、注水壶铃

注水壶铃采用环保加厚的 PVC 材料制成，可在球体中注水增加重量，也因此存在不确定阻力的特性。在正确有效的训练方式下，利用注水壶铃可进行全身力量、爆发力、稳定性、协调性、速度和灵活性训练，提升肌肉的爆发力。教师可根据学生的运动需求，设计有针对性的动作，提高学生的综合力量素质。

（一）器材介绍

1. 器材构成

注水壶铃采用环保加厚的 PVC 材料制成，球体直径约 23cm，两边是磨砂防滑手柄，弧度设计符合手指抓握曲度。球面中间有注水孔，并标有若干注入刻度，未注水时球体重约 1kg，注满水后重 2 ~ 6kg。（图 91-1）

图 91-1

2. 主要特征

注水壶铃结实耐用，不易断裂；重量可调整，能满足不同人群的需求；利用流水不确定性的阻力能有效激活学生的全身肌肉力量。

3. 适用范围

适用于中小学生，可以根据需求加注不同重量的水进行有针对性的训练。

（二）使用方法

1. 壶铃摇摆

两脚左右分开，稍比肩宽，脚尖朝前，屈髋、微屈膝，两手抓握注水壶铃自然下垂。练习开始，迅速顶髋，夹臀，向上摆动注水壶铃，当摆动到胸部位置时，直臂自然下落至初始位置。（图91-2、图91-3）

图91-2　　　　　　　　　　　　　　　　图91-3

2. 弓步转体

弓步姿势，左脚在前，右脚在后，两臂伸直，两手抓握注水壶铃的两个手柄置于胸前。练习开始，向左转体90°后回至原位，再向右转体90°后回至原位，循环练习。（图91-4、图91-5）

3. 仰卧推举

平躺于垫子上，屈膝约90°，两手抓握注水壶铃的两个手柄置于胸前。练习开始，手臂上举伸直后回到初始位置，循环练习。（图91-6、图91-7）

图 91-4   图 91-5

图 91-6   图 91-7

（三）注意事项

（1）练习时注意身体核心收紧，不要弯腰驼背。

（2）使用过程中不要碰到尖锐物体，以免损坏球体。

九十二、六角灵敏球

六角灵敏球是发展协调、灵敏素质及反应能力的一种便捷、实用的辅助器材，球体落地反弹方向具有随机性，既能激发学生的练习欲望，又能锻炼学生的反应能力。

（一）器材介绍

1. 器材构成

六角灵敏球主要由乳胶制作而成，重约 120g，直径约 7cm，搭配绿、蓝、黄、

红等多种颜色。（图92-1）

图92-1

2. 主要特征

六角灵敏球的6个圆角使球在落地时会产生不确定的反弹方向，以此来锻炼学生的手眼协调能力和反应能力。

3. 适用范围

适用于中小学生，主要用于灵敏素质的提升。

（二）使用方法

1. 单人练习

对墙自抛自接练习：身体保持基本姿势，抛球后，根据球的反弹方向快速移动，力争在球二次落地前接住。（图92-2）

2. 两人练习

（1）两人一球：两人面对面站立，相距约2m，一人抛球，另一人接球。抛球者高举一个六角灵敏球使其做自由落体运动，接球者保持基本姿势，膝关节弯曲，背挺直，含胸，身体重心降低，在球落地反弹后接住。两人交换角色，反复进行，待熟练后，抛球者可以向地面掷球的方法进行抛球，以逐渐增加接球者接球的难度。（图92-3）

图92-2

图92-3

（2）两人两球：两人两球站位与两人一球站位相似，抛球者手持两球，先抛出第一个球，接球者接住球后抛还给抛球者时，抛球者立即抛出第二个球，接球者接第二个球，如此互抛互接，反复进行。接球者要保持基本姿势，做持续的移动、变向或转身加速跑。

（三）注意事项

（1）六角灵敏球练习难度较大，练习时要时刻保持专注。
（2）使用时尽量选择宽阔平坦的场地，防止撞伤。

九十三、瑜伽砖

瑜伽砖是瑜伽练习中运用广泛，且简单、实用的辅助工具，具有轻巧便携、稳定安全的特点，在瑜伽练习、舞蹈练功和体育课堂教学中运用广泛。

（一）器材介绍

1. 器材构成

瑜伽砖由高密度 EVA、TPE 或软木制成，一般每块尺寸为 23cm×15cm×7.5cm，搭配红、黄、蓝、绿、青、紫等多种颜色。（图 93-1）

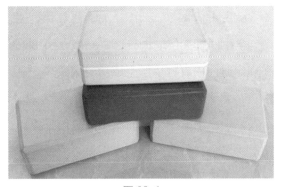

图 93-1

2. 主要特征

瑜伽砖是呈圆角或切角的长方体，轻巧便携，防滑防水，耐磨实用，稳定安全。

3. 适用范围

适用于中小学生，可用于瑜伽练习、舞蹈练功和体育课堂教学。

（二）使用方法

1. 瑜伽练习

用瑜伽砖做下犬式、上犬式、桥式、三角式、仰卧开肩、幻椅式等瑜伽动作。

2. 跳跃练习

将瑜伽砖平放、侧立、直立，形成低、中、高三个高度，满足不同的跳跃高度需求；也可以将多块瑜伽砖叠放，或将多块瑜伽砖并排立放，以形成适宜的跳跃宽度（面）。采用上述摆放方法摆放多块瑜伽砖，进行连续跳跃练习。

3. 夹砖跳跃

两腿夹住瑜伽砖，跳跃前进。

4. 瑜伽砖操

两手各持一块瑜伽砖，模仿类似于木哑铃操的动作。瑜伽砖相击时发出的声音，既能吸引学生的注意力，又能调节学生动作的整齐度。

5. 踏石过河

用瑜伽砖代替木砖或红砖，玩踏石过河游戏；也可以将瑜伽砖按一定间距摆放，学生从一端走到另一端。

6. 夹夹乐

学生两脚夹住瑜伽砖，站立情况下用收腹跳的动作将瑜伽砖上抛并用手接住，在规定时间内看哪个学生成功的次数多。

7. 力量练习

将手放于瑜伽砖上面做手高位俯卧撑，或放于脚下做脚高位俯卧撑；也可以用脚夹瑜伽砖做收腹举腿发展核心力量。

8. 平衡性练习

将瑜伽砖放于头顶进行顶砖行走；也可将瑜伽砖平放，头尾相连，学生模仿走独木桥走过瑜伽砖，从而锻炼学生的平衡能力。

9. 叠叠乐

学生分成若干组，每人手持一块瑜伽砖，依次从起点跑至终点，将瑜伽砖叠放在一起，看哪组能把瑜伽砖叠放得又高又整齐，且不会倒塌。

10. 作障碍物、投掷物等

瑜伽砖可作为障碍物进行绕、跳、跨等练习，也可作为分界线（点）使用，还可以作为投掷物进行投准、投远练习。

（三）注意事项

使用后，应将其表面清洁干净，然后放于阴凉处，切勿暴晒或高温存储，以延长瑜伽砖的使用寿命。

九十四、平衡垫

平衡垫又叫平衡盘，主要用于锻炼脚踝力量和身体平衡能力，具有良好的韧性和柔软性，能激发学生的练习兴趣，提升锻炼效果。

（一）器材介绍

1. 器材构成

平衡垫采用对人体无害的 PVC 材料制成，直径为 15 ～ 75cm，内部为空心结构，需要充气使用，两面由圆环面和软胶钉面构成，主要形状有盘状、碗状、椭圆形和半圆形等。（图 94-1）

图 94-1

2. 主要特征

平衡垫柔软，且具有良好的韧性，其表面多为半圆形等，具有不稳定性，可以发展学生的核心稳定性和平衡能力。

3. 适用范围

适用于中小学生。

（二）使用方法

1. 单腿平衡

单腿站立于平衡垫上，保持身体稳定（图94-2）。也可以双腿站立于平衡垫上练习，还可以闭上眼睛练习，这样对于本体感受神经的刺激会更为强烈。

2. 单腿蹲

单腿站立于平衡垫上，屈髋向下蹲，膝关节的垂线不要超过脚尖，慢慢下蹲，静止10 ~ 30s，然后换腿练习（图94-3）。也可以完成连续蹲起动作，以增加难度。

3. 箭步蹲

后脚踩在地面上，前脚站在平衡垫上做箭步蹲练习。（图94-4）

图94-2　　　　　　　　　图94-3　　　　　　　　　图94-4

4. 平衡蹲举

将两个平衡垫放在地上，间距与髋同宽，两脚分别踩在两个平衡垫的中间位置，进行蹲起练习。膝关节朝向脚尖的方向蹲下，不要内扣或外翻，膝关节的垂线不要超过脚尖，大腿处于与地面平行或略高于平行的位置。（图94-5）

5. 俯卧撑

一只手撑地，另一只手放于平衡垫上，进行俯卧撑练习（图94-6）。也可以将两个平衡垫放在地上，间距与肩同宽，两手分别放在两个平衡垫上进行俯卧撑练习。

6. 跪姿平衡

两手扶地，一条腿的膝关节跪在平衡垫上，然后慢慢抬起另外一条腿和异侧的手臂，保持骨盆中立，不要倾斜，在一段时间内保持身体平衡（图94-7）。然后换另一侧练习。也可以在支撑手下面放一个平衡垫，以增加难度。

图94-5　　　　　　　　图94-6　　　　　　　　图94-7

7. 收腹平衡

臀部坐在平衡垫上，两手撑在身体后侧，先慢慢抬起一条腿，再抬起另外一条腿，然后两手离开地面，在一段时间内保持身体平衡。（图94-8）

8. V字屈膝收腹

臀部坐在平衡垫上，两腿伸直，躯干微抬，两手自然放于胸前，保证身体稳定。然后两腿屈膝向腹部靠拢，同时躯干向上抬起，尽量贴向大腿（图94-9）。接着，躯干慢慢后倒还原，同时两腿伸直还原。可以先两手扶地进行练习，以降低难度。

图94-8　　　　　　　　图94-9

以上练习均按照小负荷、多次数的原则，静止时间为每次 15 ~ 30s，每组重复 10 次以上。先以稳定躯干为主，保证动作质量之后再增加练习次数。

（三）注意事项

（1）使用过程中不要让平衡垫碰到尖锐物体，以免损坏平衡垫。

（2）充气时，切勿充气过足，导致平衡垫变形。

九十五、龟背陀螺

龟背陀螺由优质环保塑料一体塑型，外形类似乌龟背部，一侧有两个大小适中的孔洞，是感统训练的器材之一。利用龟背陀螺可以锻炼平衡能力、注意力、协调能力。

（一）器材介绍

1. 器材构成

龟背陀螺由优质环保塑料一体塑型，外形类似乌龟背部，一侧有两个大小适中的孔洞。龟背陀螺的龟背厚度可达 4mm，承重约 80kg，一般有宽约 40cm、高约 21cm 和宽约 12cm、高约 9cm 两种规格，颜色多样。（图95-1 为正面，图 95-2 为反面）

图 95-1

图 95-2

2. 主要特征

龟背陀螺圆润边角无毛刺，安全性高，材质健康无气味，堆叠收纳不占空间。

3. 适用范围

适用于小学生，主要作为感统训练的器材。

（二）使用方法

1. 平衡性练习

站在龟背陀螺上，学生进行深蹲、燕式平衡等练习；将若干龟背陀螺连接或相距一定距离摆放，学生从上面依次走过。龟背陀螺具有一定高度，且形状不规则，可以有效发展学生的平衡能力。

2. 协调性练习

将龟背陀螺的盆口朝上，学生坐在龟背里面，用手撑着地面进行360°旋转，可以锻炼学生的协调能力。

3. 力量练习

将龟背陀螺的龟背朝上，学生两手撑在龟背上进行支撑练习；也可以增加龟背陀螺个数，学生在其上进行支撑移动。龟背陀螺高度适中，可以很好地发展学生的两臂支撑能力和核心力量。

4. 投掷游戏

学生两人一组进行投掷游戏，一人投掷，另一人用龟背陀螺接球。可调整距离进行游戏，锻炼学生的手眼协调能力和空间感。

5. 作收纳盒

龟背陀螺可充当收纳盒，学生通过收纳小玩具养成良好的习惯。

（三）注意事项

在龟背陀螺上行走时，脚要踩在龟背正上方，不可踩在斜面上，避免滑落。

九十六、拳击球

拳击球有头戴式和立式两种。头戴式拳击球的球体上固定有一根弹力绳，弹力绳的另一端系有一个硅胶导汗带，将其戴在头上进行练习时，球体可自动弹回；立式拳击球由球头、可调节不锈钢管、钢筋弹簧和底座构成，钢筋弹簧回弹强劲，击打时安全。两种拳击球都有利于发展学生的力量、反应能力和身体协调性，使学生在增强体质的同时还能释放学习压力。

（一）器材介绍

1. 器材构成

头戴式拳击球（图96-1）的球体有三种：一种是重球，球重约80g；另一种是网球，球重约60g；还有一种是轻球，球重约25g。球体上固定有一根弹力绳，弹力绳的另一端是硅胶导汗带，周长为50～68cm。

立式拳击球由球头、可调节不锈钢管、钢筋弹簧和底座构成。球头表面是优质PU皮革材质，抗打击能力强；底座可注水注沙；与底座连接的是钢筋弹簧，回弹强劲，最高可达90°弯角。（图96-2）

图96-1　　　　　图96-2

2. 主要特征

拳击球安装方便，安全性高，练习时无须找人陪练，携带方便，使用不受场地限制，趣味性强，能激发学生的练习兴趣。

3. 适用范围

适用于中小学生，主要用于上肢击打灵敏性、协调性的练习。

（二）使用方法

1. 头戴式拳击球

将硅胶导汗带戴于头部，将弹力绳连接球体的一端置于腹部高度，开始练习时，将球抛起至胸部高度，快速用拳面击打球，循环练习。（图96-3）

图96-3

2. 立式拳击球

（1）出拳练习。

根据身高调节拳击球的高度，初学者可以先学习拳击、武术等出拳动作。

（2）闪躲练习。

重击一次拳击球，快速判断拳击球的回弹方向进行左右闪躲，熟练之后还可以进行连续的击打与闪躲练习，锻炼反应能力、灵敏性和身体协调性。

（3）拳击练习。

根据身高调节拳击球的高度，戴上拳击手套，自由练习拳击动作。

（三）拓展运用

1. 喊数接球游戏

将头戴式拳击球的弹力绳和硅胶导汗带卸下，4～8人一组，围成一圈，学生依次报数。一人持球站于圈内，其余人自然站立或原地做些简单的体能练习。游戏开始，持球学生向上抛球，同时随机喊数并跑到圈外，被喊到相应数的学生快速起动到圈中接球。

2. 摸高

将头戴式拳击球的硅胶导汗带挂在高处，学生进行原地或助跑起跳摸高练习。

（四）注意事项

（1）由于拳击球的回弹强劲，初学者在练习时可以戴上安全头盔，避免回弹时因反应不及时而被打到面部。立式拳击球还可以将拳击球的高度调低些。

（2）在大力击打立式拳击球时最好戴上拳击手套，避免拳击球回弹力过大而振伤拳头。

（3）立式拳击球装置的底部是可注沙或注水的塑料底座，重量较轻，只适合小力量的上肢练习，教师应提醒学生在使用过程中不可用脚踢。

九十七、瑜伽球

瑜伽球一般分为大瑜伽球和小瑜伽球，且皆采用环保 PVC 材料制成，具有色彩鲜艳、便携耐用、安全系数高、使用不受场地限制等特点，被广泛运用于瑜伽、普拉提、健身、理疗、体育教学和游戏等多种场景，极大地提高了学生的学练兴趣。

（一）器材介绍

1. 器材构成

瑜伽球有不同的直径，均采用环保 PVC 材料制成，无毒无味，球面有蜂巢止裂防爆结构。大瑜伽球的直径一般为 50 ~ 75cm，小瑜伽球的直径一般为 20 ~ 30cm，内部为空心结构，须充气使用。（图 97-1）

图 97-1

2. 主要特征

瑜伽球球面采用磨砂防滑、蜂巢止裂防爆工艺，多重环形筋条螺纹设计，有的瑜伽球还有内层丝网结构，安全系数高，承重力强，不易变形，颜色多样。不使用时可放气折叠，携带方便。

3. 适用范围

适用于各个年龄段的人群，特别是中小学生，主要作为体育教学中各种体能辅助练习和一些体育游戏的器材。

（二）使用方法

大瑜伽球与小瑜伽球功能相似，使用方法多样，学生可以根据自身能力与需求，自由选择大瑜伽球或小瑜伽球进行练习。

1.柔韧性练习

（1）伸展肩背。

坐在瑜伽球三分之一处，两腿向前伸，上体慢慢向后倒下，躺在球面上，两臂举过头顶，身体向后滚动，使两手撑在地上，充分打开肩膀（图97-2）；还可以面向瑜伽球呈跪姿，两手搭在瑜伽球上，上体下压，或者向前滚动瑜伽球，充分伸展背部。

（2）拉伸腹部。

坐在瑜伽球上，慢慢下沉臀部使腰部完全接触瑜伽球，呈躺在瑜伽球上的姿态，手臂向后伸展，两膝弯曲90°，向后拉伸腹部。（图97-3）

（3）拉伸腿部。

后脚脚背放在瑜伽球上，上体直立，两手叉腰或平举保持身体平衡，向下沉髋，前腿呈弓步状，充分拉伸后腿前侧韧带和前腿后侧韧带。完成后换另一条腿练习。（图97-4）

图97-2

图97-3

图97-4

（4）伸展侧身。

侧躺在瑜伽球上，下手撑地，上手的手臂尽量向头部方向伸展。保持一段时间后换另一侧练习。

2. 力量练习

（1）提膝练习。

直立，两手举起瑜伽球置于头顶，抬起左腿，膝关节弯曲，使小腿与大腿成90°角，同时两手抱球与膝关节接触。完成后换另一条腿练习。（图97-5）

图97-5

（2）仰卧起坐。

仰卧于地面，两手将瑜伽球高举于头顶上方，然后同时直腿抬高腿部和上身，接着还原，重复练习。（图97-6）

（3）剪刀式卷腹。

仰卧于地面，两手将瑜伽球高举于头顶上方，接着抬起右腿，使之与身体成90°角，左腿保持不动。同时上半身抬起，使右脚尖触碰瑜伽球。左右脚交替练习。（图97-7）

图97-6　　　　　　　　　　　　图97-7

（4）直臂撑滚球。

两手放在地上直臂支撑，将瑜伽球放在大腿下侧，保持核心收紧；身体向两

侧重复做旋转动作。（图97-8）

（5）仰卧屈腿。

仰卧于地面，两手放在身体两侧，掌心向下，将瑜伽球放在小腿下面并屈膝，脚沿球面滚动，做屈腿练习。（图97-9）

（6）臀桥。

图97-8

屈膝仰卧于地面，两手放在身体两侧，掌心向下，两腿踩在瑜伽球上，然后用力将臀部推高。（图97-10）

图97-9

图97-10

（7）俯撑。

两手撑于地面，两脚放在瑜伽球上做俯卧撑（图97-11）；或两手撑在瑜伽球上，两脚撑于地面做俯卧撑（图97-12）；或两前臂撑在瑜伽球上，两脚撑

图97-11

图97-12

于地面做平板支撑（图97-13）。相比大瑜伽球而言，撑在小瑜伽球上难度更高一些，可以在小瑜伽球上选择静力支撑、跪姿俯卧撑或俯卧撑等练习。

（8）背伸展。

俯卧于地面，两手托住一个瑜伽球，然后同时抬起手臂与两腿，坚持约1s还原，如此反复练习。（图97-14）

图97-13 　　　　　　　　　　　　　　　图97-14

（9）过头举弓步蹲。

两手高高将瑜伽球举过头顶，然后向前迈出一步做弓步蹲，如此反复练习。（图97-15）

（10）靠墙深蹲。

背对墙壁站立，在身体与墙壁之间放一个瑜伽球，然后两手上举或前伸点赞，同时做深蹲动作。（图97-16）

3. 平衡性练习

（1）起飞平衡。

俯卧在瑜伽球上（腹部触球），两脚分开抵于地面，两臂扶于球两侧，收缩臀部和背部的肌肉，抬头挺胸，手臂和腿离开地面，手臂向后伸展，坚持3～15s。（图97-17）

（2）单手平衡。

俯卧在瑜伽球上，将球置于腹部下方，整个身体充分伸展，然后交替举起一侧手臂和两腿，同时保持身体平衡，坚持3～15s。（图97-18）

图 97-15　　　　　　　　　　　　图 97-16

图 97-17　　　　　　　　　　　　图 97-18

4. 辅助拉伸

柔韧性差的练习者，可以借用瑜伽球辅助拉伸，完成一些平时做不到的练习。例如，跪姿下腰时，大腿保持与地面垂直，上体向后倒，两手触碰脚跟困难时，便可将小瑜伽球放在两脚之间，两手撑在球上来完成练习。

（三）拓展运用

1. 快乐连接

学生 4 ～ 6 人一组，成一路纵队站立，相邻两人的后背和胸部夹住一个瑜伽球，游戏时学生不能用手或者胳膊触碰瑜伽球。若途中有一个瑜伽球掉落，则须在掉落原地重新夹起球继续前进，直到整个小组过终点线，比一比哪组最快。（图 97-19）

图 97-19

2. 网抛大球

准备一张 3m×6m 的安全网或养殖网，15 ～ 30 名学生站在网四周，双手抓握网的边沿，将瑜伽球放于网中间。开始后，学生齐心协力将球抛起，保证球每次被抛起的高度不高于网面 1 ～ 3m，球落地则游戏结束。（图 97-20）

图 97-20

3. 赶小猪

学生手持一根海绵棒作赶猪棒，用瑜伽球作小猪，从起点线开始，用"赶猪棒"赶"小猪"使其往终点线跑，最先将"小猪"赶到终点线者获胜。（图97-21）

4. 运球比赛

用瑜伽球作篮球进行行进间运球比赛，可进行个人赛或团队接力赛。（图97-22）

5. 背夹球接力

学生两人一组，背对背夹住瑜伽球，从起点将球运送到终点。游戏时学生不能用手或者胳膊触碰瑜伽球。若途中瑜伽球掉落，须在掉落原地重新夹起球继续前进，到达终点所用时间最少的一组获胜。（图97-23）

图97-21　　　　　　　　图97-22　　　　　　　　图97-23

（四）注意事项

（1）瑜伽球在存放时要及时清理表面脏物，避免阳光直晒。

（2）使用场地要平坦，不要有尖锐物体，以免损坏球体。

九十八、弹力带

弹力带是由天然乳胶制成的一种便于携带、经久耐用、使用简单且十分有效的小型体能训练器材，可以帮助学生有效改善肌力、身体活动能力和灵活性，提高运动成绩。

（一）器材介绍

1. 器材构成

弹力带是由天然乳胶制成的，常见的弹力带主要有薄款（图98-1）和厚款（图98-2）两种。薄款弹力带一般宽15cm，厚0.3 ~ 0.6mm，规格有15 ~ 55lb（1lb≈0.45kg）不等；厚款弹力带一般厚度为4.5mm，宽度为13 ~ 65mm，规格有15 ~ 80lb不等。弹力带长度一般为1.5 ~ 3m，色彩多样。

薄款　　　厚款

图98-1　　　　　　　　　图98-2

2. 主要特征

弹力带具有质量轻、弹性强、使用寿命长、使用简单的特点；无论在室外还是在室内，均可以使用。

3. 适用范围

适用于各个年龄段的人群，尤其适合发展中小学生的力量素质。

（二）使用方法

1. 体态训练

利用薄款弹力带进行臀部激活、手臂塑形、腿形纠正等训练改善身体姿态，如跪姿提臀、交替弯曲、开胸挺背（图98-3）等。

2. 力量训练

根据不同人群合理选择弹力带款式和磅数，借助弹力带进行髋屈伸、肩部卧推、体前深蹲、下划船、四肢弯举（图98-4）等练习，锻炼身体不同部位的肌肉力量。

3. 拉伸训练

借助弹力带可以更加充分地拉伸身体，如拉伸肩部，也可以进行其他部位的辅助拉伸训练。

4. 体能训练

利用弹力带进行肌肉耐力训练和对抗训练，可以锻炼手臂肌肉和腿部肌肉。一般在田径训练中运用较多，如将弹力带一端固定，另一端套在脚踝处进行向前蹬摆练习（图98-5）。

| 图98-3 | 图98-4 | 图98-5 |

5. 搭配自重训练

在练习引体向上（图98-6）、单臂引体向上、双杠臂屈伸、爆发性俯卧撑等动作时都可以利用弹力带进行辅助练习。

6. 其他用途

弹力带还可以发挥类似松紧带的功能，如宽的弹力带绑在跨栏架的顶部代替栏板，细的弹力带系在跳高架上代替跳高横杆等。

图 98-6

（三）注意事项

（1）练习时，根据学生的能力选择合适的弹力带磅数。

（2）弹力带要存放于阴凉处，切勿将其暴晒或高温存储，避免影响弹力带使用寿命。

九十九、家用引体向上器

家用引体向上器由复合不锈钢材料制成，中间是螺纹伸缩管，可双向调节长度，安装简单，使用安全，适合学生居家练习引体向上等，发展力量素质。

（一）器材介绍

1. 器材构成

家用引体向上器（图99-1）由复合不锈钢材料制成，中间是螺纹伸缩杆，可双向调节长度（83 ～ 130cm），两头有防滑橡胶垫，可承受更大的力，安全性更好。有的家用引体向上器还带有立地支架，将伸缩杆安装在两

图 99-1

侧支架上即可使用。

2. 主要特征

家用引体向上器安装时无须在墙上打孔，安装简单，承重力强，可使人足不出户居家锻炼。

3. 适用范围

适合中小学生居家练习引体向上等。

（二）使用方法

1. 静力悬垂

两手握杆，间距略宽于肩，两脚离地，两臂伸直做静力悬垂练习。

2. 屈臂悬垂

两手正握杆或反握杆，间距略宽于肩，两脚离地，两臂屈肘做屈臂悬垂练习。

3. 引体向上

两手正握杆或反握杆，间距略宽于肩，两脚离地，两臂自然下垂伸直，用背阔肌收缩时的力量将身体向上拉起，使下巴超过杆并停顿 1s，然后逐渐放松背阔肌，下降身体直到身体完全下垂。（图 99-2）

图 99-2

4. 借力引体

两手握杆，呈悬垂姿势，脚踩在弹力带上，在弹力带的帮助下完成引体向上。

（三）拓展运用

1. 俯卧撑

将杆调低至小腿处，根据自身能力选择两手撑在杆上或两脚架在杆上，进行俯卧撑练习。

2. 悬垂举腿

两手握杆，直腿或屈膝向上抬腿，一直抬到大腿和躯干约成 90°角（小于 90°更好），在达到顶点时停住，坚持 1s 左右，再慢慢下放大腿，回到起始姿势，如此反复练习。

3. 翻身

两手握杆，两腿上举向后穿过两臂空当，身体呈屈腿倒悬垂姿势，然后慢慢下放，两脚落地为一次，可完成若干次。也可翻身后不落地，回到起始姿势，如此反复练习。

4. 韧带拉伸

根据自身柔韧程度调节杆的高度，可以面对杆，将一条腿架在杆上进行压腿，拉伸腿部后侧韧带；也可以背对杆，屈小腿，将脚背架在杆上，拉伸大腿前侧韧带；还可以背向杆，双手握杆，拉伸肩部韧带；等等。

（四）注意事项

（1）每次使用前先试拉检查杆是否松动，以确保安全。

（2）无支架的家用引体向上器适合安装在宽 70 ~ 100cm 的门框上，不适合伸出太长进行安装，否则承重能力和牢固性会有所降低。

（3）使用伸缩杆时，不可大幅度晃动身体，以免杆掉落。

一〇〇、健腹轮

健腹轮由滚轮和手柄构成，设计简洁，外形美观，坚固耐用，使用方便，便于居家使用。

（一）器材介绍

1.器材构成

健腹轮由滚轮和手柄构成。滚轮是全包围式动力系统转轮，滚轮外层是 PVC 橡胶材质，比较柔软。手柄通常由加厚钢管制成，承重能力较强，表面一般是人体工程学凹凸纹理流线型弯曲设计，防滑，握感舒适。（图100-1）

图 100-1

2.主要特征

健腹轮是一种可锻炼肌肉、关节的小型推动器。滚轮内置多圈弹簧，弹簧采用包胶处理，回弹更稳定，前推时带来蓄力，回弹时释放助力；其设计简洁，外形美观，坚固耐用，使用方便；锻炼时所需要的场地简单，便于居家使用。

3.适用范围

适用于各个年龄段的人群，特别是中小学生，可以发展其腹部力量、腿部力量、臂部力量等身体素质。

（二）使用方法

1.坐推式练习

坐在垫上，两腿分开呈"V"字形，两手抓住健腹轮的手柄，身体向前延伸到最大限度后回到原位即可。该练习能轻度刺激手臂、胸部、腹部，适合女生练习。（图100-2）

2.跪姿练习

跪撑在垫上，两手抓住健腹轮的手柄，用力均匀。向前推健腹轮时，身体最大限度地向前延伸；拉回健腹轮时，身体回到初始的跪姿状态，如此反复练习。

该练习对腹部、腰部刺激最大，同时对手臂、胸部等部位也能起到一些辅助锻炼的效果。（图 100-3）

3. 毛毛虫式练习

两腿并拢或左右开立，手持健腹轮弯腰触地，从脚尖向前推动，两脚不动，身体向前最大限度地延伸，再慢慢往回滚动到脚尖前，反复此动作。注意腰腹配合用力、呼吸自然，不要憋气。该练习难度较大，学生在有一定力量基础后可进行尝试，对腰腹训练效果较为明显，且能刺激肩部、手臂等部位。（图 100-4）

4. 后背式练习

坐在垫上，将健腹轮放在背后，两手抓住健腹轮的手柄来回推动，同时身体向后最大限度地延伸，然后回到原位。该练习既能锻炼背部与肩部力量，也能拉伸肩部韧带。（图 100-5）

图 100-2

图 100-3

图 100-4

图 100-5

5. 面壁练习

手拿健腹轮面向墙壁，两手平举轮子置于墙壁上，沿着墙壁向上推动，同时身体要随着轮子的推动向上延伸，到达极限时再慢慢恢复到起始姿势，如此反复练习即可达到锻炼全身的目的。用同样的方式还可以将身体背向墙面进行练习，锻炼脊柱和颈椎部位。（图 100-6）

图 100-6

（三）注意事项

在使用健腹轮时，最好先从跪姿开始练习，循序渐进，避免受伤。

一〇一、小栏架

小栏架是目前在体育教学及体能训练领域使用广泛的小型器材，具有便宜实用、安全轻便、趣味性强等特点。它由环保材料制成，形如球门，规格多样，可根据实际情况使用不同高度的小栏架，主要用于发展学生的下肢力量及身体协调性。

（一）器材介绍

1. 器材构成

小栏架外轮廓是采用 ABS 环保材料制成的圆形管，形如球门，栏架高度有 15cm、23cm、30cm、40cm、50cm 等多种规格，颜色鲜艳。（图 101-1）

图 101-1

2. 主要特征

小栏架重量轻，不易变形，颜色鲜艳，方便实用，对场地要求不高，在实际教学中操作简单，趣味性强。

3. 适用范围

适用于中小学生，特别适合发展学生的弹跳力、下肢肌肉爆发力，以及身体协调性、稳定性和控制能力。

（二）使用方法

1. 跨栏

不同水平段、不同身高的学生选择不同高度的小栏架作为跨栏架，初步学习和体会跨栏的技术动作。

2. 单脚跳

直线摆放若干个小栏架，学生可以单脚向前连续跳跃（图 101-2）、侧向连续跳跃、左右连续跳跃、前后连续跳跃等，锻炼一侧腿的力量和爆发力及平衡能力。

3. 双脚跳

直线摆放若干个小栏架，学生可以双脚向前连续跳跃（图 101-3）、侧向连续跳跃（图 101-4）、左右连续跳跃、开合跳（图 101-5）、前后结合跳跃、

图 101-2

图 101-3

图 101-4

图 101-5

90°旋转换向跳跃等，锻炼双腿的爆发力和连续跳跃能力。

4. 跑的辅助练习

直线摆放若干个小栏架，学生正对或侧对小栏架，采用正向高抬腿（图 101-6）、侧向高抬腿、跨步跑、侧跨步、后蹬跑等方式快速通过若干个小栏架；也可以将若干个小栏架间隔约 40cm 倒放成一排进行快速跑格练习（图 101-7）；还可以利用小栏架做跨过、跳过、绕过等多种障碍跑练习。

图 101-6　　　　　　　　　　图 101-7

5. 辅助立定跳远

根据学生能力，紧凑叠放 3～5 个 15～30cm 高的小栏架，学生双脚跳跃小栏架，针对立定跳远的高度与远度进行练习。

（三）拓展运用

1. 作标志物（点）

在练习中可以将小栏架作为标志物或标志点使用，如在篮球急停急起练习中放倒、立起小栏架；也可以将高的小栏架作为小足球门，锻炼学生传球的准确性；还可以将多个小栏架摆成圆形、方形、直线等不同的形状作为标志区域。

2. 作支撑架

在小栏架数量有限、学生人数多的情况下，为加大跳跃的练习密度，可以用两个同等高度的小栏架作为基座，中间架上一根长横杆，即可开展多人跳跃练习。

（四）注意事项

小栏架虽矮小轻便，但在跑、跳、跨练习中，应注意小栏架倒下的方向要与学生前进方向一致，万一学生在运动过程中绊到小栏架，栏架可以顺势倒下，而不会绊倒学生。

一〇二、八字拉力器

八字拉力器主要由 TPR（热塑性橡胶）弹力管制成，形如"8"字，在两端设有手把，具有轻巧便携、手感柔软、回弹性强、抗撕拉能力强等特点，常用于各种力量练习，对开肩美背、瘦身塑形、增强肌力、改善身体姿态具有显著效果。

（一）器材介绍

1. 器材构成

八字拉力器由"8"字形的 TPR 弹力管和两端的手把构成。手把常采用泡棉材料制成，吸汗能力强，在运动中可及时吸收汗液，从而起到防滑的作用；

颜色丰富，有 15lb、20lb、35lb 等多种规格。
（图 102-1）

图 102-1

2. 主要特征

八字拉力器手感柔软，经久耐用，无毒无
味，防滑性强，回弹性强，具有很强的抗撕拉能力；轻巧可折叠，不占空间，
携带方便。

3. 适用范围

适用于各个年龄段的人群，主要用于背、胸、肩、腿、手臂等部位的力量练习。

（二）使用方法

1. 上肢力量练习

手握手把，用八字拉力器进行来回拉伸练习，锻炼手臂及肩背的力量，如
上举向下拉伸至屈臂侧平举（图 102-2、图 102-3）、前举向两侧拉伸至侧平举（图
102-4、图 102-5）等。

图 102-2　　　　图 102-3　　　　图 102-4　　　　图 102-5

2. 下肢力量练习

一手握住八字拉力器的一端，并
将另一端固定在脚上，进行前踢腿
（图 102-6）、后蹬腿（图 102-7）
等下肢力量练习；还可以固定于脚
踝处进行侧滑步练习。

图 102-6　　　　图 102-7

3. 核心力量练习

八字拉力器可以结合仰卧起坐固定器进行使用：将八字拉力器的一端固定在仰卧起坐固定器上，两手抓握八字拉力器的另一端进行仰卧起坐或卷腹练习。（图 102-8）

图 102-8

（三）注意事项

（1）由于八字拉力器回弹性强，使用中应检查固定端是否稳固，以免滑脱弹伤自己。

（2）不使用时应将八字拉力器收纳储存于室内阴凉干燥处，避免风吹日晒导致器材老化而缩短其使用寿命。

一〇三、仰卧起坐辅助器

仰卧起坐是中小学生体质健康测试项目之一，也是较为常见的健身动作，练习时通常需要他人按压踝关节，仰卧起坐辅助器可以实现单人练习，使用方法简单，安全实用，不受场地限制，被健身爱好者广泛使用。

（一）器材介绍

1. 器材构成

仰卧起坐辅助器（图103-1）由下盘吸力盘和上盘固定海绵杠杆构成，规格多样，颜色丰富。下盘吸力盘用于固定整体装置，上盘固定海绵杠杆用于固定练习者的脚踝。

图103-1

2. 主要特征

仰卧起坐辅助器使用方法简单，安全实用，不受场地限制，轻便易携带，可实现单人仰卧起坐练习。

3. 适用范围

适用于各个年龄段的人群，特别是中小学生。

（二）使用方法

使用时，将仰卧起坐辅助器放在光滑地面上（如木地板、水磨石、瓷砖、大理石等地面），然后将吸力盘上的扳手向下按压，让吸力盘吸附在地面上，学生将两脚伸入固定海绵杠杆就可以开始练习。收纳时，将吸力盘上的扳手向上扳回，就可以释放吸力盘。也可以根据学校场地及练习的需要，将仰卧起坐辅助器用螺杆固定在校园边角地带（图103-2、图103-3）。

图103-2

图103-3

1. 仰卧起坐

身体处于平躺姿势，两脚使用仰卧起坐辅助器进行固定，两手放于耳后，腹部发力，进行仰卧起坐练习（图103-4）；也可以仰卧至约45°角进行卷腹练习。

练习组次：仰卧起坐每组15～30次，卷腹练习每次空中停留5s以上，组与组之间休息30s。

2. 仰卧举腿

身体处于平躺姿势，两手抓住仰卧起坐辅助器进行固定，两脚夹紧仰卧举腿至90°（图103-5），再下放两腿至平躺，反复练习；也可以举腿角度由15°～90°递进或递减进行练习。

图103-4

图103-5

练习组次：每组15～30次，每次空中停留3～5s，组与组之间休息30s。

3. 俯卧背起

身体处于俯卧姿势，两脚使用仰卧起坐辅助器进行固定，两手放到背后，腰腹部发力，抬头起身至30°～45°即可。（图103-6）

练习组次：每组15～20次，每次空中停留5s以上，组与组之间休息30s。

图103-6

4.平板支撑

身体处于俯卧姿势，两手或两脚支撑在仰卧起坐辅助器上，手臂弯曲，以手肘、手腕、脚尖为支撑点，腰腹抬高，使肩部、腰部、膝关节在一条倾斜的直线上。（图103-7、图103-8）

图103-7　　　　　　　　　　　　　　　　　　图103-8

练习组次：每组 20 ～ 60s，组与组之间休息 30s。

（三）拓展运用

1.俯卧撑

身体处于俯卧姿势，两手抓住仰卧起坐辅助器上方的杠杆，进行俯卧撑练习（图103-9）；也可以采用跪姿俯卧撑（图103-10）或单脚（另一只脚上抬）俯卧撑进行练习。

练习组次：每组 15 ～ 20 次，组与组之间休息 30s。

图103-9　　　　　　　　　　　　　　　　　　图103-10

2. 直臂攀爬

身体处于俯卧姿势，两臂成直臂支撑，利用两臂上下攀爬仰卧起坐辅助器（图 103-11）；也可以调整辅助器的高度和两腿状态（如屈腿）进行练习（图 103-12）。

图 103-11   图 103-12

练习组次：左右手交替攀爬一次为一轮，每组 10 ~ 15 轮，组与组之间休息 30s。

3. 跳跃练习

将仰卧起坐辅助器作为障碍物，正对或侧对仰卧起坐辅助器进行前后或左右跳跃障碍物练习。

练习组次：每组 15 ~ 20 次，组与组之间休息 30s。

（四）注意事项

（1）使用前检查器材是否牢固，以防练习时因器材松动导致失去平衡而受伤。

（2）不使用时及时取下收纳，以防绊倒他人或损坏器材。

一〇四、运动脚踏板

运动脚踏板又称阶梯踏板，是一个低矮的、可升降高度的平板。它可以用于各种有氧练习和力量练习，既可以进行自重练习，也可以结合哑铃或杠铃等进行练习。运动脚踏板运用于体育教学中可以多层面发展学生的运动能力。

（一）器材介绍

1. 器材构成

运动脚踏板（图 104-1）一般长 60 ～ 110cm、宽 28 ～ 40cm、高 10 ～ 20cm，分为迷你基础版、进阶版和专业版，可承重 200kg。其高度可根据学生的运动水平、踏板技术、膝关节的弯曲度选择。

图 104-1

2. 主要特征

运动脚踏板的材料环保无味，耐磨防滑，承重力强，坚固耐用，安全性佳，适用于各种地面；重量轻，占地面积小，便于放置与收纳；使用方便，高度可调节，能满足不同人群所需。

3. 适用范围

适用于各个年龄段的人群，特别是中小学生。

（二）使用方法

1. 踏板操

运动脚踏板常用于踏板操，即在踏板上做韵律操或健美操（图 104-2）。学生可以根据自身情况运用，保持运动的有效强度，提高自身的协调性。

2. 力量练习

利用运动脚踏板进行俯卧撑（图 104-3）、俯撑登山跑（图 104-4）、仰卧起坐、坐姿屈膝卷腹、箭步蹲上踏板（图 104-5）、高低脚深蹲等练习，可以有效锻炼臀部、腿部、手臂及腰腹的力量。

图 104-2

图 104-3　　　　　　　图 104-4　　　　　　　图 104-5

（三）注意事项

（1）脚踩运动脚踏板时重心要平稳，使用时尽量踏在板的中心位置，不要将脚跟抬离运动脚踏板。

（2）上下板时膝关节不要太僵硬，要保持弹性。下板时应脚尖先着地，随后脚跟落地，使身体得到缓冲。

（3）做倾斜动作时，腰部不要倾斜，脚踝倾斜。

一〇五、俯卧撑训练板

　　俯卧撑训练板是根据俯卧撑练习方式演变的一种锻炼器材，它由撑板和握把构成，撑板可折叠，便于收纳和携带。俯卧撑训练板在练习俯卧撑基础上增加了各种难度，板面上用鲜艳的颜色区分出不同练习区域，具有多样性和趣味性。

（一）器材介绍

1. 器材构成

　　俯卧撑训练板由 1 个撑板和 2 个握把构成，采用塑料制作而成。撑板可折叠，尺寸一般为 78cm×19.5cm×2.5cm，重量约 1.4kg；握把高约 7cm。撑板分成左右两个区域，两个区域有相同的握把支撑凹孔，两边有相同的蓝色、红色、黄色和绿色四个区域，可针对不同的肌肉进行训练。（图105-1）

图105-1

2. 主要特征

俯卧撑训练板板面有多种组合颜色，可分区域精准锻炼肌群，能有效保持身体平衡，让肌肉充分拉伸；握把的简单卡位设计能纠正运动姿势，帮助学生找到正确发力点，避免身体关节压迫及损伤；撑板可折叠，体积小，方便携带。升级版有电子屏幕及计时和计数功能。

3. 适用范围

适用于各个年龄段的人群，特别是中小学生。

（二）使用方法

选择一块平整的场地，打开撑板，拿出握把放在撑板对应区域的凹孔里。身体呈俯撑准备姿势，手臂垂直于撑板，肩膀平行于撑板，手握握把，由易到难依次练习。（图105-2）

图105-2

（三）拓展运用

1. 俯撑练习

两手握握把，身体呈俯撑准备姿势，两脚蹬地分腿跳至同侧手后方约20cm处，成马步直臂俯撑，随后两腿还原，反复练习；也可以单侧大小腿折叠，平行于地面向前抬至肩后方，左右腿交替进行，锻炼侧腹肌；还可以做俯撑登山跑、开合跳、收腹跳等练习。

2. 地面攀岩

将若干俯卧撑训练板随机分布在场地上，并用胶带固定在地面上，学生两手握握把，开始练习后，两脚不能触碰地面，握把必须扣在撑板的凹孔里一步一步前进，模拟攀岩运动，从起点移动至终点。

（四）注意事项

（1）使用时不要扔或抛撑板和握把，以防误伤他人或砸坏地面。

（2）使用完，及时收纳，以防丢失。

一〇六、划船机

划船机主要有水阻划船机、磁控划船机、风阻划船机三种。机器的原理类似水上赛艇，每划一次，上肢、下肢、腰腹、背部都会完成一次完整的收缩与伸展，一个动作就能锻炼全身 80% 以上的肌肉，且对下肢关节无冲击，还可改善上肢体态，是一款非常好的有氧锻炼器材。

（一）器材介绍

1. 器材构成

划船机由导轨、减震脚垫、水箱（飞轮、风轮）、移动滑轮、轴承、手机支架、踏板、把手、座椅构成。

（1）水阻划船机（图 106-1）：有一个水箱，桨叶悬挂在水箱中，每次拉动把手时，旋转桨叶都会产生阻力。可以通过调节水箱中的水位调节阻力。

图 106-1

（2）磁控划船机（图 106-2）：主要是以磁场作为媒介，利用金属飞轮和磁铁产生阻力。磁阻的工作方式是将磁阻靠近或远离金属飞轮。

（3）风阻划船机（图 106-3）：通过转动风扇叶片或飞轮产生阻力。每次拉动把手，就会使飞轮旋转并产生风阻。

图 106-2　　　　　　　　　　　图 106-3

2. 主要特征

相比其他器材，划船机可以瞬间用上自身最大力量，达到最大功率，全面发展身体素质，使减脂效果最大化。另外，划船机以坐姿进行锻炼，对膝关节比较友好，不易造成关节损伤，受伤风险低，运动更安全。

3. 适用范围

水阻划船机运转噪声小，可折叠，收纳方便，不占空间，适合家庭使用；磁控划船机静音，阻力产生生硬，适合有中等健身水平的人使用；风阻划船机阻力动态变化大，拟真度高，体积大，噪声大，适合健身房和赛艇运动员进行辅助练习。

（二）使用方法

（1）调整好绑带，一般绑在脚面最宽的位置并拉紧，这样才能提供最稳定的姿态。

（2）两手圈握把手，拇指抱住下方，在保证背部挺直的情况下尽量向前屈髋屈膝。

（3）开始划船时，两腿同时发力，伸髋伸膝，驱动身体向后，直至膝关节接近伸直，然后上半身向后倾斜，通过背部和上臂的集中发力，带动手臂往后，将把手拉至胸部。

（4）最后缓慢收回，以此类推，完成练习。学生根据自身能力选择强度，持续 30 ～ 60min 即可。

（三）注意事项

（1）把手不要抓得太紧，前臂放松向外，手臂自然放松勾住把手。

（2）发力的正确顺序为两腿、臀部、两臂。

（3）腿部发力时保持手肘伸直，不要抬起手肘或外展。

一〇七、药球弹床

药球弹床由药球和床体构成，它是在药球的力量训练中升级开发出来的一种体育器材，具有使用简单、便携易练、有趣新颖等特点，学生可通过投掷药球到弹床并接住反弹药球来锻炼爆发力以及腹部肌肉。

（一）器材介绍

1. 器材构成

药球弹床由药球（图 107-1）和床体（图 107-2）构成。药球由橡胶制成，富有弹性，重量为 1 ~ 12kg，学生可以根据不同力量水平使用不同重量的药球；床体由反弹面和底部构成，反弹面由内径约 70cm 的弹性面料和外围一圈弹簧构成，底部为支撑铁架。

图 107-1

图 107-2

2. 主要特征

床体底部的四端均固定安装了支撑柱，使用时不易受力移位，安全系数高；支撑柱正面设有限位孔，可上下调整支撑高度，能满足不同年龄段人群的锻炼需求；器材色彩丰富，新颖有趣，能提高学生的运动兴趣；器材使用空间小，锻炼场地不受限制，使用方便。

3. 适用范围

适用于中小学生。

（二）使用方法

1. 单人练习

将药球弹床调节到适合学生的高度和倾斜度，学生选择合适重量的药球，与床体保持一定距离，用单手或双手进行平行抛、掷、接练习和高举大力下砸练习等（图107-3）。药球越重难度越大，时间越长强度越大。

2. 双人练习

将药球弹床调节到适合学生的高度和倾斜度，两名学生选择合适重量的药球，进行一抛一接交替练习（图107-4）。多人练习可以增加练习的趣味性和难度。

图107-3

图107-4

（三）注意事项

（1）使用前务必检查床体底座安放位置是否平整安全。

（2）练习前要充分预热身体关节和韧带。

（3）药球要从轻到重，循序渐进地进行练习。

一〇八、感统滑板车

感统滑板车是感统训练中重要的前庭训练器材之一，学生俯卧在感统滑板车上做各种动作，会引发丰富的平衡反应，提高注意力和平衡力。

（一）器材介绍

1. 器材构成

感统滑板车由塑料面板和万向轮构成（图108-1），形状有圆形、方形和虫形，且配有红、黄、蓝、绿等多种颜色。

图 108-1

2. 主要特征

感统滑板车使用灵活、省力，可 360° 旋转，重心低，底盘稳，能满足各种滑行需要。

3. 适用范围

适用于小学生，主要用于多种感统训练。

（二）使用方法

1. 俯卧爬行

身体趴在感统滑板车面板上，两脚抬离地面，利用两手扒地动作，使感统滑板车前移（图108-2）。同样，可进行手脚并用爬行或俯卧爬行。

2. 旱地龙舟

坐在感统滑板车面板上，手持专用划桨或用体操棒、木棍等代替撑地，向目的地滑行。（图108-3）

图108-2　　　　　　　　　　　　图108-3

3. 支撑滑行

两手抓握感统滑板车面板扶手，两脚交替向前走（图108-4）；也可以在感统滑板车上坐一名学生（图108-5），以增加负荷；还可以在粗糙地面推行感统滑板车，使阻力变大，增加负荷。

图108-4　　　　　　　　　　　　图108-5

4. 拉雪橇

用两根绳子固定在感统滑板车面板扶手上，一人坐或俯卧在感统滑板车面板

上，一人拉，也可多辆感统滑板车连接在一起练习。（图108-6）

5. 静态飞机

两手撑地，腹部贴在感统滑板车面板上，两脚抬离地面，伸直并拢，两臂侧平举，身体向上呈反弓形，看似一架飞机，看谁坚持时间久。（图108-7）

图108-6

图108-7

6. 开火车

用绳子将若干感统滑板车前后连接，变成一列火车，每人用划桨撑行。

7. 作哑铃

两手抓握感统滑板车面板扶手，把感统滑板车变成哑铃，进行负重上举（图108-8）、前举（图108-9）、侧举、蹲起等练习。

图108-8　　　　图108-9

（三）注意事项

（1）由于感统滑板车底部具有万向轮，在使用前，教师一定要强调安全问题，尤其不可私自在斜坡处使用。

（2）教师提醒学生在使用过程中不能推操或做出其他危险动作。

第六部分　素质拓展类

一〇九、车轮滚滚

车轮滚滚（又叫无敌风火轮）采用牛津布或其他材质的布，缝制出一个空心的大圆圈；直径大小不等，可根据需要进行调整；颜色鲜艳，制作简单，适合单人或多人使用。活动时，多名学生站在圆圈内，以手脚快速走动带动车轮滚动，可以培养团队合作意识。

（一）器材介绍

1. 器材构成

车轮滚滚采用牛津布或其他材质的布，缝制出一个空心的大圆圈，呈车轮状，宽 45 ~ 70cm，周长 2 ~ 20m，可供 1 ~ 18 人使用。（图 109-1）

图 109-1

2. 主要特征

车轮滚滚材料简单，制作方便，价格低廉；牛津布材质牢固，颜色多样，鲜艳亮丽，还可印刷图案；收纳方便，可循环使用。

3. 适用范围

适合幼儿、中小学生进行团队活动以及家庭开展亲子游戏等。

（二）使用方法

1. 单人车轮滚

学生一人一个大小适中的车轮，站在车轮里，边走边滚动车轮，让人和车轮一直在地面上滚动。

2. 多人车轮滚

准备一个可容纳 8 ~ 15 人的车轮，将车轮立起，全体学生站在车轮里，步调一致地边走边滚动车轮。

（三）注意事项

（1）在游戏时教师应提醒学生爱护车轮，不要拉扯导致车轮破损。

（2）若车轮出现断裂迹象，应及时修补后再使用。

（3）使用后应及时折叠收纳好，防止日晒雨淋导致器材破损。

一百一十、充气皮皮虾

充气皮皮虾是由 PVC 材料制成的可充气的体育器材，充气后外形酷似皮皮虾，虾身依次设计若干虾洞，学生站进虾洞一起奔跑，可用于体育课堂、校园体育比赛等，能极大地激发学生的参与积极性和练习兴趣。

（一）器材介绍

1. 器材构成

充气皮皮虾由 PVC 材料制成，充气后皮皮虾身体有 4 个及以上直径 40 ~ 50cm 的虾洞，每个虾洞两侧各有 1 个把手。不同大小的皮皮虾可容纳不同人数参与游戏。（图 110-1）

图 110-1

2. 主要特征

充气皮皮虾颜色鲜艳，外形类似皮皮虾，生动有趣；材质舒适柔软，安全系数高；游戏时不受场地限制，轻便易携带。

3. 适用范围

适用于中小学生趣味活动、团队素质拓展等集体活动。

（二）使用方法

使用前，先用气泵给虾身充足气。游戏时，学生分别站在虾洞内，手握两侧把手将虾身提起，统一方向前进，先到达终点的队伍获胜。（图110-2）

图110-2

（三）注意事项

（1）游戏要在平整的场地进行，注意脚下安全。

（2）充气皮皮虾属于充气器材，在使用过程中应保护与爱惜，切不可用脚踩、用利器刮划。

（3）不使用时应及时排气，折叠收纳好，防止日晒雨淋导致器材老化。

一百一十一、充气篮球筐

充气篮球筐是根据篮球运动而设计的趣味篮球筐，由彩色的PVC夹网布高温焊接制成，充气后形成篮球筐，具有可移动、安全系数高、使用不受场地限制等特点，适用于亲子互动游戏、户外拓展活动、趣味活动等，能在很大程度上提高学生对篮球运动的兴趣。

（一）器材介绍

1. 器材构成

充气篮球筐由彩色的 PVC 夹网布高温焊接制成，充气后形成篮球筐。充气篮球筐的支架由 4 个拱门形的充气脚构成，高 1.5 ~ 2.8m，篮筐直径 1.0 ~ 1.8m，可根据需要定做不同高度，每个充气篮球筐配备一个充气瑜伽球作为投篮用的球。（图 111-1）

图 111-1

2. 主要特征

充气篮球筐色彩鲜艳，容易吸引学生的注意力；安全系数高，对投篮动作要求低，趣味性强且使用不受场地限制。

3. 适用范围

适用于各个年龄段的人群，特别是中小学生，可用于学校趣味活动、团队素质拓展等集体活动。

（二）使用方法

在一定距离外，将充气瑜伽球投进充气篮球筐里。可以根据学生的身体素质确定投篮距离和投篮个数，可以分为个人投篮赛或团体投篮赛，也可以原地投篮或跑动投篮等。

（三）拓展运用

1. 灵敏性游戏

充气篮球筐的支架由 4 个拱门形的充气脚构成，可利用这 4 个拱门进行钻山洞等灵敏性游戏。

2. 摸高练习

充气篮球筐有一定高度，中低学段小学生可以进行摸高练习，发展跳跃能力。

3.运球过门

学生平均分成4组，各组站于充气篮球筐外一定距离，并对着一个拱门。发令后，每组第一人运球或抱球跑到拱门，以逆时针方向绕过本组拱门的充气脚后，返回将球交给本组下一人，以此类推，直至小组最后一人完成任务，用时短的小组获胜。

（四）注意事项

（1）由于充气篮球筐由 PVC 夹网布制成，要加以爱护，放在室内保存，避免阳光直射。

（2）搬运和使用时，不要拖拽，避免被尖锐物体划破。

一百一十二、运转乾坤球

运转乾坤球的球体下方有多个把手，需要多人共同举起球体进行奔跑比赛。运转乾坤球一般采用 PVC 夹网布材料制作，大小不一，具有色彩鲜艳、安全系数高等特点，可用于学校趣味活动、团队素质拓展等集体活动。

（一）器材介绍

1.器材构成

运转乾坤球采用高强度、高密度的 PVC 夹网布材料制作，直径一般为 1.5 ~ 4m，根据使用的要求可选择不同大小的球，在球体下方一般安装有 4 个及以上的把手。（图112-1）

图 112-1

2. 主要特征

运转乾坤球极具趣味性，球体庞大，图案多样，颜色丰富多彩，简单易上手，安全系数高。

3. 适用范围

适用于大型户外活动或集体趣味活动。

（二）使用方法

根据球体大小，分组确定相应的参与人数，组内每人抓住一个把手，托举运转乾坤球过肩，立于起跑线。发令后，全员通过协调配合托举运转乾坤球向终点线行进，途中运转乾坤球不可落地，当所有人的身体越过终点线时停表，看哪组用时最少。

（三）注意事项

（1）由于运转乾坤球由PVC夹网布充气而成，若使用不当，或场地上有尖锐物品，很容易致使其漏气，因此，尽可能在较平整的场地环境中使用。

（2）使用过程中，学生到达终点线后，须慢慢缓冲停下，并将球体缓慢放到地面上，防止学生摔倒、球体划损。

（3）运转乾坤球属于充气器材，体积大，一般在使用时充气；不使用时，应排气收纳储藏好。

一百一十三、雷霆战鼓

雷霆战鼓（又叫众星捧月）一般采用加厚的PVC夹网布材料制作而成，具有重量轻、色彩鲜艳、便携易带、玩法多样、趣味性强等特点，特别适合团建活动、素质拓展活动使用，能够培养团队协作能力。

（一）器材介绍

1. 器材构成

雷霆战鼓由一个圆鼓、活力球和若干把手组成。圆鼓为直径 1.0～2.5m 的软质充气圆盘，活力球为直径小于圆鼓的球体，材料都为加厚的 PVC 夹网布，气密性非常好。（图 113-1）

图 113-1

2. 主要特征

雷霆战鼓属于充气器材，材质柔软，安全系数高，玩法多样；对场地要求较低，在空旷的场地就能使用，并具有较强的趣味性，能培养团队协作能力。

3. 适用范围

适用于小学三年级以上学生，主要用于团建活动及素质拓展活动。

（二）使用方法

比赛开始前，多名学生分别拉住雷霆战鼓的把手，将活力球放到战鼓上。发令后，全员协力配合开始原地上下移动鼓，使活力球在鼓面上颠起，球的下沿离鼓面 50cm 以上为有效（图 113-2）。在规定的时间内，颠球次数多者获胜。也可以不设时间限制，直到活力球落地为止，计连续颠球次数，多者获胜；还可以加大难度，进行行进间颠球比赛，全员通力合作边颠球边向终点移动，最先全员过终点的组获胜；等等。

图 113-2

（三）注意事项

（1）由于雷霆战鼓体积庞大，游戏时学生的专注力都在球上，因此选择的场地要平坦宽阔，并清理干净地面。

（2）雷霆战鼓属于充气器材，如长期不使用，应排气收纳储藏好。

一百一十四、有轨电车

有轨电车（又称大脚板）主要由木板、金属活动扣和鞋套构成，有带手拉绳款和无手拉绳款，简单易操作，趣味性强，规格多样，分成人款和儿童款。有轨电车活动是一项体现团队精神和协作能力的地面拓展活动，能够发展身体协调性、平衡性和下肢力量。

（一）器材介绍

1. 器材构成

有轨电车主要由木板、金属活动扣和鞋套构成，有带手拉绳款和无手拉绳款，分成人款和儿童款。成人款不同规格的木板长度有 70 ~ 300cm，重 2.5 ~ 8kg，可供 2 ~ 12 人练习；儿童款不同规格的木板长度有 45 ~ 70cm，重 1.8 ~ 2.5kg，可供 2 ~ 4 人练习。木板厚度为 2.5cm 左右，宽 9.5cm 左右。（图 114-1）

图 114-1

2. 主要特征

有轨电车的木板加厚处理，使该器材结实耐用，柔韧性强，不易变形，耐磨性好，适用于各种地面；鞋套有较大的抗拉伸强度，耐磨，耐腐蚀，质量轻；金属活动扣连接木板和鞋套，可随意调节鞋套大小，能满足不同人群的需求。

3.适用范围

适用于各个年龄段的人群，特别适合在青少年活动、趣味运动会中使用。

（二）使用方法

将脚套进鞋套里，后面人扶紧前面人的腰或肩膀（带手拉绳款的每人拉起手绳），穿好板鞋后，一人或全员齐声喊"左——右——左"或"1——2——1"口令原地踏步，步调一致后自然向前走，再慢慢过渡到自然跑、快速跑，直到跑到终点。（图114-2、图114-3）

图 114-2　　　　　　　　　　　　　　　图 114-3

（三）拓展运用

1.走独木桥

将木板反放于地面上，两端用砖块垫起，形成一座独木桥。根据需要可以拼接成各种长度和形状的独木桥，增加趣味性，锻炼学生的平衡能力。

2.过桥取物

用木板设置出各种高度的桥，学生从起点出发，需要完成走独木桥、跨矮桥、跳横桥、钻高桥等一系列任务，到达终点取走物品返回。可以采用竞速、接力、折返等形式进行。

3.荡秋千

有轨电车的木板结实耐用，柔韧性强，不易变形，儿童款的长度特别适合做秋千板，只要将秋千绳牢固系在木板两端，就可以荡秋千了。

（四）注意事项

（1）使用过程中若失去平衡或者倒地，不要用手扶木板，以免被踩，误伤手指。

（2）器材不使用时应收纳储藏好，避免日晒雨淋缩短其使用寿命。

一百一十五、充气大锤子

充气大锤子由环保加厚 PU 材料高温焊接制成，具有柔软、耐磨抗压、安全系数高、趣味性强等特点，规格多样，适用于趣味活动、亲子游戏等，可以发展学生的灵敏性和抓握、反应等能力。

（一）器材介绍

1. 器材构成

充气大锤子是由充气锤和塑料手柄连接而成的，安全无异味，锤体长 21 ~ 40cm，塑料手柄长 35 ~ 60cm。（图 115-1）

图 115-1

2. 主要特征

充气大锤子采用环保材质，耐磨抗压，颜色丰富，趣味性强，携带方便。使用时充气即可，备有防漏气塞；不用时排气并拆卸收纳即可。

3. 适用范围

适用于各个年龄段的人群，可以在集体趣味活动时使用。

（二）使用方法

1. 打地鼠

学生 10 人一组，一人拿充气大锤子，其余人当地鼠，排成人数均等的三排，游戏开始，"地鼠"原地做深蹲，上下起伏，当超出一定高度范围时，充气大锤子即可敲击"地鼠"。规定时间内看谁打到的"地鼠"最多。

2. 横扫天下

学生 5 ~ 10 人围成一个半径小于一臂长度加上锤子长度的圆形，一人手持充气大锤子在中间转圈，当充气大锤子快要经过脚下的时候，圈上的人纷纷纵跳以防被锤子打到。如被打到，被打到的人则与中间接锤转圈的人互换，游戏重新开始。

3. 抢大锤

学生 10 人以教师为圆心围成一个大圆，教师手持充气大锤子站在圆心处，教师的周围放若干矿泉水瓶，游戏开始，教师蹲下开始匀速抡充气大锤子，学生一边躲避锤子，一边伺机取走矿泉水瓶。

4. 你追我赶

学生 6 ~ 12 人围成一个大圆，其中一人做锤子手，手持充气大锤子在大圆外，边跑边准备锤击圆上的人，锤完后迅速逆时针跑向被锤者的位置，被锤者第一时间去抓锤子手，未抓住则失败，做下一轮的锤子手，抓住则由原来的人继续做锤子手。

5. 一锤定江山

在木地板或铺有橡胶垫的场地放一堆小气球，每人手持充气大锤子，游戏开始，用充气大锤子敲打气球，规定时间内计成功爆破气球的个数，爆破气球多者获胜。

6. 你捶我挡

学生两人一组，桌子上放一个充气大锤子和一本书，双方石头剪刀布，胜利的一方迅速拿起大锤子敲打负方头部，负方第一时间拿起书本遮挡头部，未敲到头部则对方胜，反之本方胜。可以多人接力，输的淘汰，赢的留下继续游戏。

7. 钉钉子

准备若干矿泉水瓶，分别等距离摆在 50m 的跑道上，游戏开始，学生带上充气大锤子从起点出发，依次击倒矿泉水瓶，用时少者获胜。

（三）注意事项

（1）充气大锤子属于充气器材，教师应提醒学生在使用过程中不可直接用其敲击钥匙、笔尖、图钉等尖锐物品。

（2）如长时间不使用器材，应将气体放空，并折叠收纳于阴凉干燥处，防止器材软化、发霉。

一百一十六、龟兔赛跑

龟兔赛跑是由环保加厚的PVC夹网布制成的可充气的体育器材，具有轻巧便携、颜色鲜艳、新颖有趣等特点。充气后外形酷似兔子和乌龟，兔身和龟身设有若干圆洞，洞旁两侧各有一个把手，游戏时学生站进洞中，手握两侧把手将兔子和乌龟提起，快速前进。其用于体育教学能极大地激发学生的参与积极性，培养学生团队协作能力和集体精神。

（一）器材介绍

1.器材构成

龟兔赛跑由环保加厚的PVC夹网布制成，充气后形如兔子和乌龟，兔身和龟身设有若干圆洞，一般有5人和8人的规格，每个圆洞两侧各配一个把手用于抓握。（图116-1）

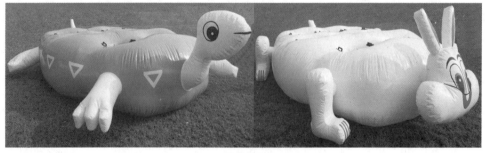

图116-1

2.主要特征

龟兔赛跑器材颜色鲜艳，外形如兔子和乌龟，生动有趣；材质舒适柔软，安全系数高；使用不受场地限制；不使用时可排气折叠收纳，轻便易携带。

3.适用范围

适用于各个年龄段的人群，可用于进行趣味拓展游戏。

（二）使用方法

充气后的兔子和乌龟有多个圆洞，学生分别站在洞内抓住两侧把手，提起器材不触地，模拟龟兔赛跑情境，看谁先到达终点。（图116-2）

图116-2

（三）注意事项

（1）游戏要在平整的场地进行，注意脚下安全。

（2）龟兔赛跑属于充气器材，在使用过程中注意保护与爱惜，切不可用脚踩、用利器刮划。

（3）不使用时应及时排气，折叠收纳好，防止日晒雨淋导致器材老化。

一百一十七、动感五环

动感五环是由五种不同颜色的充气圆环构成的圆柱体体育器材，具有色彩鲜艳、操作简单、方便携带、趣味性强等特点。动感五环的使用方法有多种，适用于中小学趣味活动，可以培养学生的团队协作能力，让学生之间相互信任，促进学生间的感情交流。

（一）器材介绍

1. 器材构成

动感五环由环保加厚的 PVC 夹网布制成，充气后呈圆柱形（图 117-1），颜色丰富，色彩鲜艳，每一个五环内可以容纳 2 ~ 5 人。

图 117-1

2. 主要特征

动感五环具有很好的耐热性、韧性和延展性，可循环使用；属于充气器材，安全系数高，收纳方便，易携带，易操作。

3. 适用范围

适用于各个年龄段的人群，主要适合在趣味活动、亲子活动、户外拓展活动中使用。

（二）使用方法

学生 2 ~ 5 人一组，每组配备一个动感五环。将动感五环平放，所有人进入道具，在起点做好准备。发令后，各组齐心协力让动感五环滚向终点，最先到达的组获胜。也可以采用迎面接力的形式，每次一人进入动感五环，看哪组最先全员完成。

（三）拓展运用

1. 你推我滚

动感五环充气后为圆柱体，且具有一定的重量，学生可以一人在动感五环内，1～2人在动感五环外向前推动感五环（图117-2）。在进行该游戏时，环外学生不能图快而不顾环内学生，环内、环外学生需要协同配合。

图117-2

2. 钻山洞

将若干动感五环拼接在一起平放于地面，各组依次钻进动感五环，直到本组所有人出山洞才算完成，看哪组最快。也可以采用接力的形式进行比赛。

3. 扛重物

每组2～4人扛起动感五环，从起点出发，以最快的速度到达终点，最先到达的组获胜。

（四）注意事项

（1）在推、滚动感五环的过程中，教师一定要提醒学生注意前方是否有人，避免出现视野盲区，出现其他学生被撞倒的情况。

（2）在动感五环内部有学生坐、卧时，教师一定要禁止学生推动五环，避免出现动感五环内部学生受伤的情况。

（3）活动时，选择平整的场地，并检查地面是否有尖锐物，避免划破器材。

一百一十八、珠行千里 U 形槽

珠行千里 U 形槽采用环保 PVC 材料制成，结实耐用，颜色丰富多彩，轻便易携带，非常适合户外游戏。其游戏互动性强，可以促进团队成员之间的沟通，培养默契，增强团队凝聚力和荣誉感。

（一）器材介绍

1. 器材构成

珠行千里 U 形槽采用环保 PVC 材料制成，结实耐用，颜色丰富多彩（图 118-1）；有 50cm、40cm、30cm 三种长度。游戏时一般将彩色乒乓球、弹力小球、高尔夫球或开口球作为辅助道具。

图 118-1

2. 主要特征

珠行千里 U 形槽材料轻便，耐摔耐磨，携带方便；使用简单易上手，技术难度低，趣味性强，不受场地和人数的限制。

3. 适用范围

适用于各个年龄段的人群，特别是中小学生。

（二）使用方法

1. 团队接力

学生 8～20 人一组，人手一块珠行千里 U 形槽成纵队站立，将珠行千里 U 形槽首尾相接。发令后，排头队员将球放在珠行千里 U 形槽上，球沿着槽滚动到下一个队员的槽中，排头队员迅速跑到队尾，等待队友传来的球，以此类推，直到球

安全到达指定的目的地。（图118-2）

图118-2

2. 水到渠成

学生8～30人一组，人手一块珠行千里U形槽，站成一排，将珠行千里U形槽首尾相接形成一条人工运水长槽，底端口放在一个空水桶上，高端口处放置若干装有水的水桶。发令后，1～3人用杯子将水桶里的水舀出倒入高端口的珠行千里U形槽，借助人工运水长槽的落差，让水自然流到低端口的空水桶里，在规定时间内看哪组运的水最多。

3. 环球旅行

学生10人以上一组，人手一块珠行千里U形槽，将珠行千里U形槽首尾相接形成一个圆圈，将一个乒乓球放在指定学生的珠行千里U形槽上。发令后，全体成员协调配合，让球在槽内沿逆（顺）时针方向滚动。若球掉落则捡回放在掉落处继续行进，看哪组先完成指定的圈数；或在规定时间内，看哪组完成的圈数最多。

4. 一鼓作气

将若干珠行千里U形槽拼接摆放成任意轨道，学生通过吹气的方式，把球运出珠行千里U形槽，用时少者获胜。

（三）拓展运用

1. 投壶

将珠行千里U形槽作为箭，在一定距离处放置一个水桶或箩筐作为壶，学生将珠行千里U形槽投向壶中。投中得一分，最后积分高者获胜。

2. 作标志物（点）

将珠行千里U形槽作为标志物，在场地上拼接或摆成各种形状，学生通过跳过、跨过、绕过等方式进行障碍跑、足球运球、篮球运球等练习。也可以利用珠行千里U形槽颜色鲜艳夺目的特点，将其作为急行跳远、折返跑等练习的标志点。

3. 不倒翁

将珠行千里 U 形槽立起放在并拢的食指和中指上，学生从起点出发走到终点，途中不可用另一只手帮扶。若途中珠行千里 U 形槽落地，则须在落地点重新立起珠行千里 U 形槽继续出发。

（四）注意事项

（1）虽然珠行千里 U 形槽采用环保 PVC 材料制成，比较耐磨耐用，但在使用过程中也需要爱护，不可随意掰折器材。

（2）在使用过程中，教师应提醒学生正当使用器材，不可用珠行千里 U 形槽打闹。

一百一十九、充气足球飞镖盘

充气足球飞镖盘（又叫足球标靶）由靶盘、底座和粘球构成。靶盘上有魔术贴设计，能粘住粘球的毛绒面，使积分一目了然，趣味性强，能极大地提高学生对足球运动的兴趣。

（一）器材介绍

1. 器材构成

充气足球飞镖盘是由 PVC 夹网布制成的充气款塑胶体育器材，外形犹如飞镖靶盘，直径一般为 2.5 ~ 8m，也可根据需要定制尺寸；粘球表面附有细密的绒毛，大小根据活动需要选择；靶盘上有魔术贴设计，能粘住粘球的毛绒面。（图 119–1）

图 119–1

2. 主要特征

充气足球飞镖盘轻便结实，色彩鲜艳，安全系数高；材质具有环保、耐水蚀、抗撕扯、易清洗等特点；结构新颖，容易统计得分，省时省力，练习效率高，且观赏性强。

3. 适用范围

适用于各个年龄段的人群，主要作为足球踢准或投掷投准趣味活动的积分器材使用。

（二）使用方法

1. 足球踢准

将粘球或标准足球放于距离充气足球飞镖盘 5 ～ 8m 处，学生用力将球踢向充气足球飞镖盘，根据打中的位置累计得分。

2. 轻物投准

学生单手或双手持粘球，距离充气足球飞镖盘 5 ～ 8m，用力将粘球掷出，打中充气足球飞镖盘，根据打中的位置累计得分。

3. 头顶球

学生利用足球头顶球的技术方法，将粘球用头顶向充气足球飞镖盘。

4. 愚公移山

学生想方设法将充气足球飞镖盘由起点运输至终点，要求充气足球飞镖盘在运输过程中不触碰地面，如采用木棍滚动运输、用体操垫子移动运输、众人合力抬运输等。

（三）注意事项

（1）由于充气足球飞镖盘由 PVC 夹网布制成，使用时要加以爱护，合理使用器材。

（2）不使用时应放在室内保存，防止日晒雨淋导致器材老化。

一百二十、快乐大脚鞋

快乐大脚鞋是由PVC夹网布制成的超大码软质鞋子，具有色彩鲜艳、使用轻便、安全系数高、不受场地限制等特点，能较好地运用于走跑类趣味游戏，提高学生对运动的兴趣。

（一）器材介绍

1. 器材构成

快乐大脚鞋是由PVC夹网布制成的超大码软质鞋子，附带长鞋带，分为儿童款和成人款，一般长60cm、宽20cm、高30cm。大脚鞋颜色多样，鞋底柔软，穿脱方便。（图120-1）

图120-1

2. 主要特征

快乐大脚鞋使用轻便，安全系数高；结构新颖，色彩鲜艳，不受场地限制，趣味性强。

3. 适用范围

适用于各个年龄段的人群，特别是中小学生，主要用于趣味活动、亲子活动等。

（二）使用方法

1. 欢乐奔跑

学生平均分成若干组，排头学生穿上快乐大脚鞋站在起点准备出发，发令后快速跑到终点，绕过标志筒后跑回起点，将快乐大脚鞋交给下一名同学，依次进行，先完成的组获胜。（图120-2）

图120-2

2. 大脚袋鼠

学生平均分成若干组，排头学生穿一双快乐大脚鞋，双手拉着鞋带站在起点准备出发，发令后双脚连续跳跃至终点，绕过标志筒后跳回起点，将快乐大脚鞋交给下一名同学，依次进行，先完成的组获胜。

3. 两人三足

学生两人一组左右并排站立，两人外侧脚各穿一只快乐大脚鞋，相连内侧脚共穿一只快乐大脚鞋，组成两人三足，发令后，从起点出发协同移动到终点，先到达终点的组获胜。

4. 大脚踩气球

学生分成若干组，每人穿着快乐大脚鞋，并在快乐大脚鞋上系若干个气球。发令后，在保护好自己的气球不被对方踩破的前提下，努力踩破对方的气球，规定时间内，剩余气球数量多的组获胜。

5. 小脚踩大脚鞋

家长穿着快乐大脚鞋，孩子穿着自己的鞋子站在家长的快乐大脚鞋面上，家长面对终点，双手保护孩子安全不落地，向前移动到终点，先到达终点的亲子组合获胜。也可以家长和孩子组合同穿一双快乐大脚鞋，家长根据孩子的步幅和步频顺势移动到终点。该亲子活动可以增进亲子感情，提高孩子的安全感和克服困难的能力。

（三）注意事项

（1）由于快乐大脚鞋由 PVC 夹网布制成，若不加以爱护，容易损坏，教师应提醒学生在使用过程中不要拉扯器材，若器材发生部分破裂，可用 PVC 胶水黏合后再使用。

（2）学生穿着快乐大脚鞋时需要提高注意力，以免绊倒摔伤。

一百二十一、毛毛虫

毛毛虫是由 PVC 材料制成的可充气的体育器材，充气后形如毛毛虫，虫背上有若干把手，游戏时学生骑在毛毛虫背上，握住把手，将毛毛虫提起，快速向前行进。毛毛虫具有造型可爱、使用方便、趣味性强等特点，可用于趣味活动、亲子活动、户外拓展活动，可以促进情感交流，培养团队协作能力和集体精神。

（一）器材介绍

1. 器材构成

毛毛虫由 PVC 材料制成，充气后形如毛毛虫，造型可爱，色彩丰富，规格一般为 4 ~ 8 人座，虫背上有若干把手。（图 121-1）

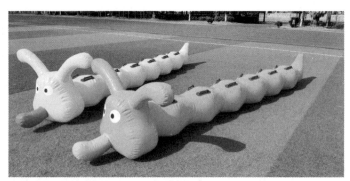

图 121-1

2. 主要特征

毛毛虫质量轻，携带方便，安全性高；造型可爱，颜色亮丽；使用方便，简单有趣，互动性强。

3. 适用范围

适用于各个年龄段的人群，特别是中小学生，可用于趣味活动、亲子活动、户外拓展活动。

（二）使用方法

1. 毛毛虫竞速

学生 4 ~ 8 人一组，骑在毛毛虫上前行，注意毛毛虫不能触地，赛程 20 ~ 30m，往返一次，用时最少的组获胜。（图 121-2）

图 121-2

2. 虫虫大作战

学生 1 ~ 2 人抱着毛毛虫去追赶其他人。该游戏可以锻炼学生的速度和心肺耐力，还可以培养学生团队协作和坚持不懈的精神。

3. 毛毛虫搬家

学生分成若干组，每组一个毛毛虫。发令后，各组从起点抱起毛毛虫以最快的速度搬运到 20 ~ 50m 处的终点，看哪组最先完成。

4. 同蹲同起

学生分成若干组，每组一个毛毛虫，全体成员将毛毛虫举至头顶。发令后，全体成员一起做蹲起，反复进行，在规定的时间内看哪组做得最多。

5. 齐天大圣

学生分成若干组，每组一个毛毛虫，全体成员将毛毛虫举至头顶。发令后，全体成员从起点跑出，看哪组先通过终点。

（三）注意事项

（1）游戏要在平整的场地进行，注意脚下安全。

（2）毛毛虫属于充气器材，在使用过程中应注意保护与爱惜，切不可用脚踩、用利器刮划。

（3）不使用时应及时排气，折叠收纳好，防止日晒雨淋导致器材老化。

一百二十二、充气金箍棒

充气金箍棒由加厚的 PVC 夹网布材料制作而成，形象逼真、夸张合理。充气金箍棒的设计和开发利用能丰富运动项目，增加学生对体育运动的兴趣。

（一）器材介绍

1. 器材构成

充气金箍棒的制作材料是加厚的 PVC 夹网布，底部有空气压力阀门。阀门采用双道阀门设计，打开第一道阀门，只进气，不出气，打开第二道阀门就能够排气。（图122-1）

图 122-1

2. 主要特征

充气金箍棒具有结实、耐磨、防水、阻燃的特性，安全系数高；使用时充气，不用时放气，收纳方便；相比其他充气器材，充气金箍棒的体积较小，使用起来更加便携轻松。

3. 适用范围

适用于各个年龄段的人群，特别是中小学生。

（二）使用方法

充气金箍棒在使用时首先打开第一道阀门充气，充足气后关闭阀门即可进行体育活动。在体育活动结束后，打开第二道阀门，给充气金箍棒排气，然后收纳储藏。

（三）拓展运用

1. 抬金箍棒

学生 3～8 人一组，每人用两手将一根充气金箍棒举过头顶或抱在胸前，发令后，各组向前完成规定的距离，看哪组用时最少。（图 122-2）

2. 扶棒换位

学生 4～10 人一组，左右间隔 1～3m 围成一个圆圈，每人一根充气金箍棒竖立在地面上。发令后，学生立即离开自己的充气金箍棒，统一顺时针或逆时针方向去抓扶自己相邻同学的充气金箍棒，没有充气金箍棒倒地则为成功一次，看哪组在规定次数内成功次数最多（图 122-3）。该游戏可发展学生的专注力、灵敏性和集体意识。

图 122-2

图 122-3

（四）注意事项

（1）充气金箍棒属于充气器材，学生要保护与爱惜，切不可用尖锐的物品刮划充气金箍棒，造成器材损坏。

（2）使用时，要根据充气金箍棒的大小及学生的年龄，合理安排参与人数。

（3）由于金箍棒采用 PVC 夹网布材料，长期不使用应排气，并收纳储藏，以免日晒雨淋导致器材老化。

一百二十三、充气快乐铅笔

充气快乐铅笔由加厚的 PVC 夹网布材料制成，具有结实、耐磨、防水、阻燃的特性，安全系数高。它为趣味体育活动的策划提供了很多新的形式，为教育教学以及运动会的筹备提供了很多帮助。

（一）器材介绍

1. 器材构成

充气快乐铅笔（图 123-1）由加厚的 PVC 夹网布材料制成，底部有空气压力阀门。阀门采用双道阀门设计，打开第一道阀门，只进气，不出气，打开第二道阀门就能够排气。除此之外，充气快乐铅笔还具有舒适的抓握把手。

图 123-1

2. 主要特征

充气快乐铅笔颜色丰富，新颖有趣；具有结实、耐磨、防水、阻燃的特性，安全系数高；使用时充气，不用时排气，收纳方便。

3. 适用范围

适用于中小学多人团结协作的活动项目。

（二）使用方法

充气快乐铅笔在使用时首先打开第一道阀门充气，充足气后关闭阀门即可进行体育活动。在体育活动结束后，打开第二道阀门排气，然后收纳储藏，下次使用时重复以上步骤。根据活动的需要，可以将 2～4 支充气快乐铅笔捆绑一起进行活动。

（三）拓展运用

1. 搬运大铅笔

学生 2 ~ 6 人一组，一起将充气快乐铅笔运送到规定的地点，看哪组用时最少。（图 123-2）

2. 翻斗乐

学生 3 ~ 6 人一组，将平放于起点线后的充气快乐铅笔由后向前翻转 180°，如此连续进行，直到充气快乐铅笔越过终点线，看哪组用时最少。

图 123-2

3. 神笔马良

学生 3 ~ 6 人一组，将湿毛巾用胶带固定在充气快乐铅笔笔头（毛巾顶端要露出一小截，类似于毛笔头），另准备一个装有水的水桶（给笔头的毛巾蘸水用）。发令后，各组成员用手抓扶充气快乐铅笔，一起控制充气快乐铅笔，在地面上写出规定的字（也可升级难度，在规定范围内写字），看哪组写得又快又好。这个游戏可以锻炼学生对于力量精准把控的能力。

4. 铅笔导弹

学生 3 ~ 6 人一组，合力抬起充气快乐铅笔，站在投掷线后，用力将充气快乐铅笔向前掷出，也可以采用助跑进行投掷，投掷时不得越过投掷线，看哪组投得最远。

（四）注意事项

（1）充气快乐铅笔属于充气器材，在使用前应检查并清理场地，避免场地上有尖锐的物体损伤器材。

（2）由于充气快乐铅笔的体积比较大，且具有一定的重量，在团结协作的活动中，教师应提醒学生不要单独进行大幅度动作，以免扭伤身体。

第七部分　电子设备类

一百二十四、仿真电动保龄球

保龄球是一项在木质球道上用球沿着球道滚击球瓶的室内体育运动，仿真电动保龄球是该项目的简化版。它通过缩短球道，减少球瓶数量，降低了对活动场地的要求，具有多种自动化功能和仿真音效，不仅能增强人的身体灵活性和协调性，还能使人身心愉悦，深受人们喜爱。

（一）器材介绍

1. 器材构成

仿真电动保龄球由主机、挡球网、电子计分器、球瓶、坡道、球道和球构成，主要用料为塑料和电子元件。保龄球是直径约9cm、重70g的球体；球道呈长方形，长2～3.5m，宽0.6m；主机高约0.6m，宽0.5m，内置6个球瓶。（图124-1）

图 124-1

2. 主要特征

器材基本以塑料为原材料，轻便安全，占地面积小，不受场地限制；具有LED电子记分、球瓶自动复位和保龄球自动返回等功能，再加上仿真音效，能让学生感受现场氛围，身心愉悦。

3. 适用范围

适用于各个年龄段的人群，特别是中小学生，能够锻炼其手脑协调能力。

（二）使用方法

1. 单人练习

在主机上通过"选择人数"按键选择单人模式，一人拿好保龄球，站于离球瓶 2～3m 处，模仿正确动作将球滚进球道，击中球瓶后，根据击倒球瓶数，电子计分器会打出相应的分值，球会自动进入球道回到起点，再进行下一轮。

2. 双人练习

在主机上通过"选择人数"按键选择双人模式，两人各拿一个球，站于离球瓶 2～3m 处，模仿正确动作轮流将球滚进球道，每次击倒球瓶后电子计分器会显示该轮各个参与者的得分，最终总得分多者获胜。

（三）注意事项

（1）由于器材有电子元件，应注意防水防电，尽量在室内或室外晴朗天气时使用。

（2）要规范使用，切忌以抛、砸等暴力方式击打球瓶。

一百二十五、健身趣

健身趣主要通过特殊材质的健身环和相对应的感应器进行人机互动，在动感音乐、绚丽画面和多变模式中，让学生主动参与身体锻炼，并感受游戏带来的快乐。

（一）器材介绍

1. 器材构成

健身趣由腿部固定带、健身环（Ring-Con）、手柄（Joy-Con）、Switch 主机等构成（图 125-1）。使用时将腿部固定带固定在大腿上，通过加速感应器和陀螺仪感应器识别出踏步和膝关节弯曲等下肢的动作；Ring-Con用如同弹簧一样能恢复原状的特殊材料制作而成，内置高精度力量感应器，能识别瞬间的推压和拉开动作；Joy-Con的感应器固定在Ring-Con上，使用时可以感应如旋转、倾斜等各种动作。

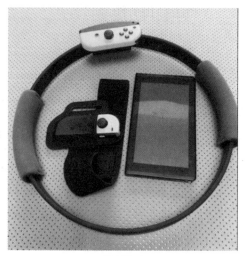

图 125-1

2. 主要特征

健身趣对场地的要求低，操作简单，安全性高，且娱乐性强，学生可以游戏模式进行运动健身，每次完成后器材都将详细地给予信息分析，如锻炼的时间、跑步的距离和燃烧的卡路里等。

3. 适用范围

适用于各个年龄段的人群，主要侧重于居家运动、亲子运动和朋友娱乐等。

（二）使用方法

1. 游戏模式

游戏开始，学生拿着Ring-Con慢慢踏步，屏幕中就会出现人物。左右摆动并向内挤压Ring-Con，可以控制人物奔跑的方向；向下摆动并向内挤压Ring-Con，就能跳过眼前的障碍物；把Ring-Con放在腰上滑动，就能划船；在腰上朝内按压Ring-Con，就能飞行；拿着Ring-Con不断高抬腿，就能跑上楼梯。

2. 战斗模式

在遇到危险时，需要做更复杂的动作进行对抗，屏幕上会出现动作规范，动作越正确效果越好，如持续下蹲、倒下抬腿、举环拉升、双腿压环等动作，让Ring-Con释放出持续的战斗光波。在敌人攻击时，可以使Ring-Con平行于腰部前方的地面，减少攻击带来的伤害。（图125-2）

3. 快速模式

在快速模式下，选择一个名为"套装"的类别，能够锻炼特定的肌肉，如胸大肌、三角肌、腹肌、背阔肌等，可以不断挑战高分。（图 125-3）

图 125-2　　　　　　　　　图 125-3

4. 迷你模式

在迷你模式下，需要飞快地奔跑、爬墙、打箱子等，可以锻炼身体的不同部位。由于迷你模式便于快速切换，因此也适合跟朋友和家人一起互动比赛。

（三）注意事项

由于健身趣器材需要搭配电子屏幕设备，使用过程中应控制合理的目视距离和时间，在锻炼身体的同时要注意爱护眼睛。

一百二十六、跳舞毯

跳舞毯装备包括跳舞毯、有线（无线）连接设备、手柄等。各种材质的跳舞毯通过连接设备与电视连接，将学生在跳舞毯上的动作呈现于显示屏上，操作简单，不受天气、时间等因素的限制，且健身效果明显。

（一）器材介绍

1. 器材构成

跳舞毯装备包括跳舞毯、有线（无线）连接设备、手柄等。跳舞毯长约 1m，宽约 0.8m。市面上常见的有 PVC 材质的薄毯，厚度在 3～5mm；还有加厚 PU 材质的毯，厚度为 7～10mm。（图 126-1）

图 126-1

2. 主要特征

PVC 薄毯材质柔软、色彩鲜艳、防水易清洗，但材质稍滑；加厚 PU 材质毯的毯面有多个小凸点，防滑且抗压性好，运动时可按摩足底。无论哪种跳舞毯，都可即插即用，安装简单，自带多种游戏、歌曲、舞蹈、瑜伽和健美操课程，内容丰富；学生可根据显示屏上的提示信息，在跳舞毯上完成相应动作，简单易上手。

3. 适用范围

适用于各个年龄段的人群进行有氧运动。

（二）使用方法

1. 安装方法

按颜色将三色插头安装到电视机上，三色插头另一端连接带有内存的 USB 设备，并接上电源；通过电视遥控器的频道切换键切换到相应频道；

图 126-2

连接跳舞毯的电源，打开后即可进入开机画面。（图 126-2）

2. 体感游戏

可以不连接跳舞毯，利用无线手柄进行网球、切西瓜等一些简单的体感游戏。可以单人挑战，也可以组队进入比赛模式。

3. 劲歌热舞

跳舞毯自带多种舞曲，学生可以单人挑战、双人比赛等形式选取歌曲，根据自己的能力调节速度，选定后屏幕上会出现"领舞人"和需要踩的符号，学生进行跟跳，屏幕会提示踩中与否和踩中的时机，最终根据踩中的数量和踩中的最佳时机的次数评分，让学生在动感的节奏下，展现酷炫舞步。

4.健身课程

跳舞毯还自带瑜伽和健美操教程，学生可以根据自己的需要选择相应的课程。将跳舞毯当瑜伽垫使用，足不出户也能跟随专业教练员健身塑形。

（三）注意事项

（1）安装前检查各接头是否有裸露的线头，接通电源前一定要注意用电安全。

（2）在跳舞毯上跳舞时，最好是脱鞋脱袜，如果一定要穿袜子，要穿全棉的、防滑性较好的，以防在运动中滑倒摔跤。

一百二十七、运动负荷监测系统

运动负荷监测系统采用了国际领先的物联网、云计算和大数据技术，致力于服务学校体育教学、运动队专业训练等相关运动数据采集、统计、分析领域，旨在改善学生体质健康状况，提升运动员专业训练水平，推动体育教育事业的发展与创新，让体育学科变得更加科学，让学生在科学的体育教育中茁壮成长。

（一）器材介绍

1.器材构成

运动负荷监测系统由应用App、平板电脑端智能操控、PC端（云计算、云储存、大数据技术）和硬件设备（心率腕表）四部分构成，采用专业级芯片，内置强大算法，能够为用户带来准确的身体数据测量，性能稳定可靠。

2.主要特征

运动负荷监测系统智能化程度高，可实时监测心率、步频、距离等数据，能重点观测特殊需要学生，有利于在体育教学中更合理地安排运动负荷。

3. 适用范围

运动负荷监测系统适用于体育课、训练课等多种场景，方便教师对学生进行监测，提供实时心率、卡路里、运动强度、练习密度等数据。

（二）使用方法

（1）体育课前，教师组织学生统一领取心率腕表（图127-1），并佩戴。

（2）开始上课时，打开系统进行实时监测。教师可实时观测每名学生的即时心率、平均心率、最大心率、运动时长、练习密度等详细信息。（图127-2）

（3）教师根据学生实时心率变化，合理调整教学策略和运动强度，做到及时关注学生的运动表现，避免过度训练或无效训练。

图 127-1

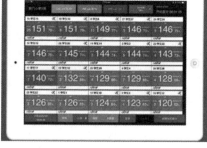

图 127-2

（三）注意事项

（1）使用前调整腕表腕带松紧，保证测量的准确性。

（2）教师要提醒学生爱护器材，合理使用。

一百二十八、仰卧起坐测试仪

仰卧起坐测试仪是用来测试仰卧起坐的电子智能设备，它由主机和外部设备构成，主要通过红外线感应动作规格，再以数据形式进行准确统计。其多用于体育中考仰卧起坐项目测试，能大大提高测试时的规范性，保证考试的公平性。

（一）器材介绍

1. 器材构成

仰卧起坐测试仪一般有两种样式，都由主机和外部设备构成。主机可以连接电脑，进行学生管理，并一键导出成绩；外部设备由仰位感应器、卧位红外线感应器、移动电源以及充电线构成，各部分可以灵活拆卸。（图 128-1、图 128-2）

图 128-1　　　　　　　　　　　　　　　　图 128-2

2. 主要特征

仰卧起坐测试仪为智能设备，其误差几乎可以忽略不计，准确性和公平性极高；各部分可灵活拆装，移动方便；还可与电脑连接，一键导出学生的成绩，省时省力。

3. 适用范围

仰卧起坐测试仪价格昂贵，多用于体育中考仰卧起坐项目测试。

（二）使用方法

将各设备连接起来，通电后开机，通过主机，可以调试外部设备的测试难度，一般分为"简单、中档、困难"三档。配置成功后，进入测试状态，测试者躺在测试仪上，做好准备。输入测试者编号，按"确认"键，当听到"嘟"的声音时，开始测试。测试过程中，测试者仰位、卧位到达一定的标准，机器才会计数一次。当再次听到"嘟"的一声时，测试完成。数据传输成功后，输入下一位测试者编号，继续进行测试。

（三）注意事项

（1）由于各点采用线路接通，使用期间应多加爱护，不使用时应拔下插头，电量不足时要及时充电。

（2）仰位感应器采用点状感应，用力敲击易被破坏，使用时应轻上轻下。

一百二十九、乒乓球发球机

乒乓球发球机有桌上型便携式发球机、落地式发球机和机器人发球机三种，具有快速练习、拆卸方便、省时省力等优点，用途广泛，适用于学校、家庭和专业训练场馆的乒乓球训练。

（一）器材介绍

1. 器材构成

乒乓球发球机分为桌上型便携式发球机（图129-1）、落地式发球机（图129-2）和机器人发球机三种，主要由发动装置、底座、内置充电池、遥控器、充电器、球盆、乒乓球和球网等构成。

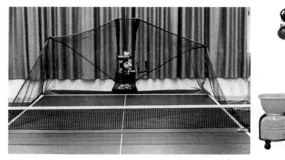

图 129-1　　　　　　　图 129-2

2. 主要特征

乒乓球发球机安装与拆卸方便，安全性高；含自动回收和供球系统，可持续击打，无须找人陪练、捡球，省时省力；发球速度、发球频率、机头摆动速度均设有多档，可任意调整，每分钟发球 17 ~ 90 个，趣味性强，能适当解压，学生参与度高。

3.适用范围

适用于各个年龄段的人群，主要用于乒乓球项目娱乐与专业训练。

（二）使用方法

1.模拟各种发球

乒乓球发球机可发任意上、下、左、右旋球，以及各种侧上、侧下混合旋球，也可发不转球，贴近真人实战。器材采用双轮驱动，旋转、速度均可调节。

2.设置不同落点

乒乓球发球机可调整发球俯仰角度，任意设置前后或左右落点变化，实现定点、多区域以及全台多点发射。但每次调整须停下来，不能在击球过程中自动调整。

（三）拓展运用

1.击球接龙

将发球机设置一定的发球速度，多个学生接力击球，未击中的淘汰，击球数量多者获胜。

2.躲避球

将发球机发球频率调高，学生站在发球机对面，躲避发球机发出的乒乓球，发球间隔可做规定的动作，如高抬腿、深蹲跳等。

3.接球比赛

将发球机设置一定的发球速度，多个学生接力接球，每个学生只能接一个球，接完后立刻排到队尾，由下一个学生接球。

（四）注意事项

发球机的发球速度快，力量大，初学者应将发球速度、发球频率、机头摆动速度均调整到最小模式，循序渐进地练习。

一百三十、电子跳绳

跳绳是一项可以提高学生耐力素质与协调性的运动，被列入小学体质健康测试项目，也被纳入体育中考项目。电子跳绳具有自动计时与计数功能，可快速准确地采集学生成绩，保证测试的公平性和便捷性。

（一）器材介绍

1.器材构成

电子跳绳由 2 个手柄、1 条橡胶绳构成。其中一个手柄上有按钮和显示屏，可用于调节计时模式和计数模式；橡胶绳一般长 3m 以内，可自由调节。（图 130-1）

图 130-1

2.主要特征

电子跳绳使用简单，小巧易携带，可自动计时与计数；按 Mode 键可以在各种模式间自由切换；支持正跳和反跳；有的电子跳绳可以与手机 App 连接，App 云端数据可以同步显示，还可以将跳绳数据导出处理，极大地提升了跳绳的测试效率。

3.适用范围

适用于各个年龄段的人群，多用于学校的体育锻炼和跳绳测试，也常用于大众健身。

（二）使用方法

使用前，学生根据自己的身高和跳绳能力调节适合自己的绳子长度，在计时模式中设定运动时间，然后按 Reset 键开始测试；或者在计数模式中设定运动次数，设置好后无须按任何键即可开始。当听到"滴——"的声音时，测试结束，屏幕显示成绩。

（三）注意事项

（1）电子跳绳主机在手柄上，使用后尽可能做到轻拿轻放，避免主机失灵。

（2）电子跳绳调节后不必锁定过紧，否则可能影响下一次调节。

（3）电子跳绳成绩不会记忆存储，跳完后，成绩登记完才可以按键。

一百三十一、电子握力测试仪

电子握力测试仪又称为电子握力计，选用了压差型传感器，采用微电脑技术，所测数据稳定、可靠，主要用于体质健康测试中握力项目的测量，反映前臂和手部肌肉力量。

（一）器材介绍

1. 器材构成

电子握力测试仪主机与手柄一体，主机上有显示屏和开关、设置、查询、开始、清零等按键，测量范围为 1 ～ 120kg，分度值为 0.1，精度为 0.02，误差为 0.01，可存储数值，便于查询。（图 131-1）

图 131-1

2. 主要特征

电子握力测试仪使用简单，小巧易携带，计时计数显示清晰；可单相交流供电，也可使用干电池供电；可连续测量。

3. 适用范围

可供体育、医卫、学校、科研等部门使用，以及开展全民健身活动时使用。

（二）使用方法

开机，仪器显示 0.0，即可进入测试状态。测试者两脚自然分开成直立姿势，两臂下垂，一手持电子握力测试仪全力握紧，电子握力测试仪尽量不要碰到身体或者衣服，此时显示屏上的数据开始刷新，直至不再有新的测量峰值出现，即可读取测量数据。然后按下清零键即可清除当前测量数据，准备下一次握力测量。

（三）注意事项

（1）测试者根据自己的手形大小调整握距。

（2）使用时，轻拿轻放，注意不要有明显的冲击碰撞，用后将仪器放回包装盒。

（3）长期不用时，要将仪器内电池取出，以防电池液溢出腐蚀仪器。

（4）在清零时不可施加任何握力，否则动态零点将会不准，直接影响握力测量数据的准确性。

一百三十二、立定跳远测试仪

立定跳远测试仪采用红外线非接触性原理，其测量准确、快速，可广泛用于学生体质健康测试和体育中考的立定跳远项目中。

（一）器材介绍

1. 器材构成

立定跳远测试仪由主机、跳远垫和红外线传感杆构成，其配备锂电池，可充电使用，搬运方便，测量范围为0～300cm。（图132-1）

图132-1

2. 主要特征

立定跳远测试仪的主机存储量大；显示屏上默认显示三次测试成绩，最好一次成绩会语音播报；传感器采用红外对射感应管，灵敏度高；红外线感应起跳和测试距离。跳远垫具有防滑减震功能，安全性高，并且设有前起跳区和后起跳区，测量范围分别为90～200cm和190～300cm，适用于不同跳跃能力的人。红外线传感杆与跳远垫均可折叠，易于搬运。

3. 适用范围

适用于学校体质健康测试工作以及相关部门的体质健康测试工作。

（二）使用方法

（1）接通外部设备电源，打开主机，主机自动显示连接方式。按任意键进入"输入测试者编号"状态，输入测试者编号后，按"确认"键，听到"请进行第一次测试"声后，测试者即可开始起跳。

（2）测试者从起跳区跳入测量区后，从跳远垫前面或侧面离场，测试结果即刻在主机上显示。听到"嘀"声后，测试者可再次从起跳点起跳。

（3）跳远测试结束后，主机自动取最远成绩作为测试者的最终成绩进行保存，并可通过数据采集器传输到电脑。

（三）注意事项

（1）主机使用时应放置平稳，防止掉落或摔坏。若长期不使用，应定期充电，防止亏电。

（2）测试者在起跳时，如果听到犯规提示（"嘀嘀——"），可以在脚不离开跳远垫的情况下将脚往后挪动，直到听不到蜂鸣声。

（3）要在平坦的地面上使用，在确保学生安全的同时，保护机器设备。

一百三十三、肺活量测试仪

肺活量测试仪用来测试人体呼吸的最大通气能力，目前，分为有线型和无线型两种，选用先进的压差传感器和微电脑技术，所测数据稳定可靠、显示清晰，主要用于人体机能的测量，可供体育、医卫、学校、科研等部门使用，以及开展全民健身活动时使用。

（一）器材介绍

1. 器材构成

肺活量测试仪由主机、导压管、手柄及吹嘴构成，均为塑料材质。仪器可充电，测量范围为 0 ~ 9999mL。（图133-1）

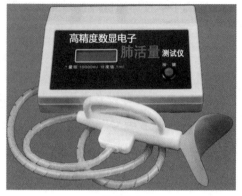

图133-1

2. 主要特征

肺活量测试仪测量精度高、小巧便携、经久耐用、操作简单。由于采用了低功耗设计，可以以电池作为电源，提高了产品的实用性。

3. 适用范围

适用于学校体质健康测试，也适合家庭使用，特别是对体质不理想者，可用于锻炼肺活量。

（二）使用方法

开机，当显示器显示"0"时，表示仪器处于待测状态。测试者站立，手握手柄并保持导压管在测压管上方的位置，头部略向后仰，尽力深吸气直到再不能吸气时，将嘴对准吹嘴做一次尽力深呼气，呼气过程不要做补吸气动作，保证持续呼气的状态，直到再不能呼气为止，仪器自动锁定显示当前测量数据。

（三）注意事项

（1）为了防止交叉感染，每人在测试前必须更换清洁的吹嘴。未经彻底消毒，吹嘴不能重复使用。吹嘴的消毒可选用器械消毒净或洗消液浸泡 3 ~ 5min。

（2）测试者吹气时切不可用手阻挡吹筒末端的出气孔，否则会造成数据严重不准。

一百三十四、坐位体前屈测试仪

坐位体前屈是大中小学生体质健康测试项目之一，主要测量学生在静止状态下的躯干、腰、髋等部位可能达到的活动幅度，以此反映学生这些部位的关节、韧带和肌肉的伸展性和弹性，以及身体柔韧素质的发展水平。坐位体前屈测试仪由主机、PU 坐垫、感应支架及游标构成，能省时省力，提高测试效率。

（一）器材介绍

1.器材构成

坐位体前屈测试仪由主机、PU 坐垫、感应支架及游标构成，其测量范围为 20 ~ 32cm，分度为 0.1cm，误差为 ±0.1cm。（图 134-1）

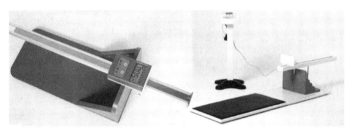

图 134-1

2.主要特征

坐位体前屈测试仪精确度高，液晶显示，具有语音播报功能，且拆装方便，易于搬运。

3.适用范围

适用于学校体质健康测试工作以及相关部门的体质健康测试工作。

（二）使用方法

开机，进入待机状态后，测试者坐在仪器坐垫或自备体操垫上，膝关节伸直，两脚全脚掌贴在抵趾板上，用两手指尖轻轻向前推游标，液晶屏显示数值静止后，测试完毕，记录成绩。按"复位"键，可进行下一次测试。测试时，测试者两腿伸直，不能弯曲，应缓慢向前推游标。

（三）注意事项

（1）仪器外部设备属于精密电子测量装置，使用时要轻拿轻放，严禁自行拆装，注意防水。

（2）每人最多测试三次，每一次成绩都要记录，人工取最好成绩。

一百三十五、AI 视觉体测一体机

AI 视觉体测一体机借助人工智能计算机视觉（Computer Vision, CV）各类算法在体育领域中应用广泛，极大地提升了体育活动的智能化水平、数据分析能力和用户体验。该设备通过摄像头，结合 CV 技术，能够精准、精确地捕捉学生的动作和姿态，实现实时反馈。这不仅有助于教师深入了解学生的技术特点，还能使教师及时发现潜在问题，并据此为学生提供个性化的训练指导。

（一）器材介绍

1. 器材构成

AI 视觉体测一体机由高清算法摄像机、国产边缘计算机、运动信息显示屏构成（图 135-1），可移动放置于不同的测试场地，机身防水防尘，机器耐寒、耐高温，可在 -20℃ ~ 50℃ 的环境中运行，可连接有线及无线网络，屏幕为多触点触控屏，可播放教学内容。

图 135-1

2. 主要特征

（1）无感人脸识别。

采用先进算法，实现毫秒级精准捕捉与锁定，对学生面部特征展开深度剖析，支持同时对多名学生进行识别，全程无感实时呈现身份数据信息。

（2）动作捕捉与姿态估计。

运用深度学习模型，对视频帧进行精细化处理，深度挖掘并精准提取人体关键点，巧妙构建 3D 人体骨骼模型，进而达成高精度的动作捕捉与姿态估计。

（3）实时数据分析。

借助先进技术，能够敏锐捕捉动作的时间动态特征，针对学生在运动过程中的关键指标展开全面且深入的分析，可精准分析跳远距离、跑步轨迹、腾空高度等关键指标。

（4）自动判罚。

实例分割算法可以区分并标记出画面中的每个个体或物体，准确判断越位、犯规等情况。同时，行为识别算法通过时序数据，可用于识别复杂的运动行为（如跳绳运动分析）。

（5）视频回放与分析技术。

依托预训练的深度学习模型，对视频中的关键事件进行高效检测、精准识别（如起跳瞬间抵达的最高点、运球绕杆时的犯规动作等），以便快速定位重要时刻，制定针对性改进策略。

3. 适用范围

一般用于常态化体育训练和测试，还可用于学校体质健康测试工作以及相关部门的体质健康测试工作。

（二）使用方法

（1）教师通过配套的手机软件对学生进行拍摄，绑定身份信息。

（2）教师将 AI 视觉体测一体机通电开机，通过手势交互或手机控制切换到测试项目，并在指定识别区域摆放好相关测试配件。学生进入测试区域，面向摄像机进行无感人脸识别，确认信息无误后，举手示意可以开始测试，屏幕显示已准备就绪后，即可进行测试。

（3）测试时注意各项目的动作规范，当出现违规动作时，机器会发出提示音提醒动作违规，学生需要及时调整测试动作。测试系统会根据不同项目智能化计算时间、统计个数、测算距离，测试完毕，屏幕实时显示成绩。

（4）学生通过人脸识别确认身份后，可进入平台查询运动成绩、运动评分、运动记录视频等。教师通过电脑或手机可进入平台查询各项数据、项目排行、运动指南和运动视频等。

AI 视觉体测一体机可测试项目包含多人同时测试项目（跳绳、仰卧起坐、引体向上、坐位体前屈、BMI、肺活量、纵跳摸高、蹲起、开合跳、高抬腿、象限跳等）和单人测试项目（立定跳远、双手投掷实心球、篮球绕杆计时、足球绕杆计时、排球对空垫球等）。测试精度均符合国家体育器材测试精度要求，测试过程能够实现视频追溯，可通过手机投屏一体机回放运动画面，可逐帧播放关键动作用于课堂教学。以下例举 3 个项目的测试。

例1：AI 跳绳测试

AI 跳绳测试系统以计算机视觉算法作为测试技术，通过人体运动轨迹跟踪算法与脚部边缘分割算法，精准在运动视觉采集范围内对多人的跳绳运动进行追踪计数，实时追踪人员转体或位置移动，精准判断无绳跳绳动作，还可以通过视频回放分析跳绳的手部姿态和腿部动作，有助于成绩提升。目前，视觉算法已经可以实现每分钟 400+ 的跳绳个数统计，误差为 ±1 个。（图 135-2、图 135-3）

图 135-2

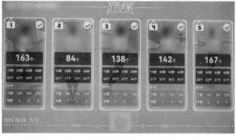
图 135-3

例2：AI 坐位体前屈测试

AI 坐位体前屈测试系统以计算机视觉算法和图像处理算法对坐位体前屈动作进行测试和评估，通过人体姿态识别与关键点定位，精准计算出坐位体前屈成绩，实现坐位体前屈成绩的智能化呈现。测试过程可视频回放。测试中视觉算法将自动检测学生的身份信息，判断测试时是否存在双腿屈膝、单手推板等犯规动作。测试成绩的误差为 ±0.1cm，测试成绩在屏幕上实时呈现，并进行语音播报。

（图 135-4、图 135-5）

例 3：AI 立定跳远测试

AI 立定跳远测试系统以计算机视觉算法作为测量技术，通过人体运动轨迹跟踪算法与脚部边缘分割算法，精准计算出立定跳远成绩，并显示摆臂幅度、起跳角度、腾空高度、平均速度等信息，实现立定跳远过程运动轨迹的可视化呈现。测试过程可视频回放。测试中视觉算法将自动检测跳远动作是否存在越线、跨步、垫步小跳等犯规动作，能精准记录手撑地等特殊测试成绩，还能自动检测不同立定跳远垫的刻度线，减免烦琐的手工标注过程。测量量程为 0 ～ 300cm，分度为 1cm，误差为 ±1cm。（图 135-6、图 135-7）

图 135-4

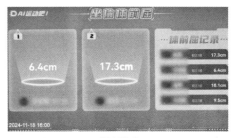

图 135-5

图 135-6

（三）注意事项

（1）使用过程中不可挪动设备，确保视觉识别区域不发生偏移。

（2）测试范围内确保人员秩序，不要遮挡视觉识别区域。

（3）测试项目涉及的相关配件要摆放到指定测试位置，以确保测试数据的准确读取。

（4）测试期间，学生要严格依照规范动作进行测试，以确保测试结果的准确性与可靠性。

图 135-7

致读者

尊敬的读者，您好！

为了更好地服务于广大体育教师，我们后续将对这套丛书进行优化和完善，希望各位体育同人在参考本书及使用过程中，对存在的不足给予反馈，多提宝贵建议，更好地助力体育教育事业的发展。

您可通过以下方式联系我们（邮箱：87363752@qq.com，或关注快乐体育微信公众号），我们期待您的反馈。

快乐体育微信公众号
微信号：klty168